Maurice Joly

DIALOGO
AGLI INFERI
TRA
MACHIAVELLI E
MONTESQUIEU

Prefazione
di Filippo Ferri

Dialogo agli Inferi tra Machiavelli e Montesquieu
di **Maurice Joly**

Traduzione a cura di Marco Tarsetti
Introduzione di Filippo Ferri

Titolo originale: *Dialogue aux enfers entre Machiavel et Montesquieu*
Edito nel 1864 in forma anonima a Bruxelles, Belgio.

© 2024 by Ibex Edizioni
Progetto grafico: The Strategic Club

Consulta il catalogo su **www.ibexedizioni.com**

UNO SPAVENTOSO, PERFETTO MANUALE PER UNA DEMOCRATICA DITTATURA CONTEMPORANEA

L'autore e l'opera

Il libro che avete tra le mani è un documento di straordinario interesse e rappresenta un'opera assolutamente unica nel suo genere, non foss'altro per il destino, veramente incredibile, che la Storia le ha riservato.

Il *mix* è degno di una trama del miglior Alfred Hitchcock. Un autore, libero pensatore, perseguitato e dimenticato. Un testo pressoché perduto nelle pieghe del tempo. Un libro eccentrico, dallo spirito ribelle, scritto per la libertà. Anni di oblio. Poi, all'improvviso, l'opera riemerge dalle nebbie. E finisce nelle mani della più potente polizia segreta dell'epoca, che crea forse il maggior falso storico dell'età contemporanea e lo trasforma nel totem dell'antisemitismo.

Ma iniziamo dal principio.

Bizzarra coincidenza che Maurice Joly, l'autore del *Dialogue aux Enfers entre Machiavel et Montesquieu*, sia nato (il 22 settembre 1829) a Lons-le-Saunier, ovverosia quella cittadina situata nell'est della Francia

(Borgogna – Franca Contea), non distante dalla svizzera Ginevra, che diede i natali a Rouget de Lisle, padre del celebre canto rivoluzionario *La Marsigliese*.

Proprio a Ginevra, il 15 ottobre 1864 Joly verga la *Semplice Avvertenza* che apre il Dialogo. Una introduzione, a onor del vero, tanto concisa, quanto oscura. L'autore rifiuta di definire con precisione la sua opera (*"non si tratta né di un libello, né di un pamphlet"*) e lascia interamente al lettore, con un'umiltà che non appare del tutto sincera e scevra da ben diversa considerazione di sé, ogni onere di comprensione (*"Se questo libro ha un suo valore, se esso racchiude un insegnamento, occorre che il lettore lo comprenda da sé. La lettura di quest'opera, d'altronde, non mancherà di interpretazioni divergenti: bisogna tuttavia procedervi lentamente, come conviene per quegli scritti che non sono banali"*).

Come sempre, occorre partire dall'autore e dunque domandarsi: chi era Maurice Joly? La foto più nota arrivata fino ai nostri giorni (1870 circa, del celebre fotografo Eugène Appert) lo ritrae in giacca e cravatta, con ampia barba, baffi, capelli crespi e folti, occhi come due piccole fessure, uno sguardo affilato, intelligente, perso su qualche punto sullo sfondo dietro il fotografo. Non sappiamo in realtà molto di lui, considerato che la maggior parte delle informazioni a noi giunte sul suo conto sono paradossalmente il frutto della sua stessa mano. La fonte principale è, infatti, uno schizzo autobiografico che Joly medesimo scrisse (*"Maurice Joly, Son Passé, Son Programme, par Lui-même"*, edito a Parigi, nel novembre 1870). Una piccola autobiografia (30 pagine nella edizione originale di Lacroix, Verboeckhoven et C.), realizzata da Joly intanto che si trovava rinchiuso nella *Conciergerie* (ex prigione e palazzo di giustizia parigino, situato nella parte ovest dell'*Ile de la Cité*). Egli vi venne imprigionato – almeno stando ai giornali dell'epoca, anche se Joly li addita come indegni calunniatori – *"per ordine del governo provvisorio, di cui ho difeso il fragile potere"*, per avere oltraggiato il sig. Jules Favre e per avere esploso un colpo di pistola contro il generale Trochu (*"accusato dal silenzio del governo, che non ha negato queste cose miserabili, che vi aggiunge il peso di un arresto"*).

Altre informazioni sulla vita di Joly sono rinvenibili, a titolo esemplificativo, nel libro di Henry Rollin *L'Apocalypse de notre temps* (1939), nella prefazione scritta da F. Leclerq ad una moderna edizione dei suoi scritti (1996) ed in quella di Renzo Repetti alla edizione genovese del 1995 (l'unica esistente in Italia prima di quella che state per leggere).

La madre di Maurice (la signora Florentine Corbara) era di origini italiane, mentre il padre (Philippe Lambert) era francese ed arrivò a ricoprire il ruolo di membro del Consiglio Generale del Giura sotto Luigi Filippo (Re di Francia dal 1830 al 1848). Curioso come Joly dedichi, però, un ricordo particolarmente intenso al nonno paterno, proveniente da una famiglia di Saint-Laurent-Laroché (minuscolo paese non distante da Lons-le-Saunier, al cui *arrondissement* oggi appartiene). Maurice ce lo descrive come un uomo *"rimasto nella memoria di coloro che lo hanno conosciuto come un tipo di rara energia, unita alla più schietta originalità, studioso colto, un combattente, intransigente nelle proprie convinzioni, eppure individuo di ottima compagnia"*.

Maurice ottiene il *baccalauréat ès-lettres* e successivamente studia legge nella città di Digione, anche se il suo rapporto con il mondo scolastico non pare esser mai stato idilliaco, soprattutto in gioventù (*"l'orrore del collegio è stato il primo dei miei principi"*, ci dice, aggiungendo di essere scappato *"da tutte quelle case pestilenziali, nonostante le lacrime di mia madre"*). Nell'ordine, Maurice era infatti fuggito dai collegi di Lons-le-Saulnier, Dole, Digione, Chalons e Besançon. Gli studi di giurisprudenza si interrompono nell'anno 1849, quando Joly si trasferisce a Parigi per lavorare come modesto impiegato presso varie istituzioni governative (impieghi che si protraggono per circa 10 anni). Gli studi giuridici vengono poi comunque portati a termine (tesi di laurea su contratti nel diritto romano ed in quello francese) e gli consentono di essere ammesso all'Ordine degli Avvocati di Parigi nel 1859. Dalle sue parole, tuttavia, comprendiamo come l'iniziale trasferimento parigino non avesse soltanto ragioni lavorative, ma anche diverse (ed evidentemente più significative) motivazioni (*"per seguire a Parigi le orme di uno dei miei amici il cui spirito e il cui portamento esercitavano su di me l'ascendente che Venture esercitava su Rousseau"*).

È nel 1862 che il nome di Joly inizia ad acquisire una qualche notorietà come scrittore. Il "merito" di tale esordio pare sia da attribuirsi al consiglio datogli da Jules Grevy, personaggio che incontreremo spesso nella vita dell'autore del Dialogo (secondo la definizione che ne dà lo stesso Joly, *"un uomo che mi ha fatto tutto il male che un uomo può fare a un altro uomo senza ucciderlo"*). Questi, infatti, lo convinse a scrivere piccoli ritratti di avvocati, genere che sembra però aver lasciato grande amarezza in Maurice (*"dopo la geografia, l'arte teatrale, la letteratura drammatica e l'economia sociale, facciamo i ritratti"*). I bozzetti dei suoi colleghi del Foro di Parigi vengono pubblicati su di una piccola rivista chiamata *Gorgias* e successivamente raccolti in un volumetto edito col titolo *Le Barreau de Paris* (1863).

Successivamente, Joly scrive e pubblica altre opere, segnatamente *Les principes de 89* (1863) e *Supplément à la géographie politique du Jura* (1864).

Che le ambizioni letterarie di Joly fossero però ben diverse da quelle sino a quel momento coltivate – e assai più rischiose – lo si comprende dalla stesura della parodia *Cèsar*, in cui il giovane avvocato si scagliava contro il regime politico instaurato da Napoleone III (o "Napoleone il piccolo", come lo apostrofava Victor Hugo). Tale libro fu stampato dai fratelli Martin-Beaupré e subito fatto sparire dalla circolazione per intervento della polizia. Pare non sia sopravvissuta nemmeno una copia. Lo stesso Joly ci

racconta la vicenda: *"feci stampare tremila copie di questo opuscolo (...)
Quando il tipografo ebbe finito di stampare, mostrò l'opuscolo alla polizia,
obiettò che non si trattava di storia antica ma di storia moderna, e mi disse:
'gridate, infuriatevi, fate quello che volete, io risponderò che non ho mai
ricevuto un manoscritto e che la tiratura di cui parlate è un sogno. E il
mascalzone prevalse, il mio opuscolo non apparve mai"*.

E arriviamo, così, alla realizzazione del *Dialogo agli inferi*.
Concentrandoci sulla genesi dell'opera, pare non vi siano dubbi sul fatto che
Joly volesse sostanzialmente realizzare un nuovo scritto di satira politica,
finalizzato, ancora una volta, ad attaccare e criticare le politiche "dittatoriali"
del suo acerrimo nemico Napoleone III, ultimo imperatore dei francesi, il
sovrano che morì in esilio in Inghilterra, dopo la disfatta di Sedan, circa dieci
anni dopo la pubblicazione del Dialogo.

Molto singolare il fatto che Joly possa aver tratto ispirazione, nella stesura
del Dialogo, da uno degli autori più celebri della sua epoca, e precisamente
dalla gigantesca opera in tre tomi intitolata *I misteri del popolo* di Eugène Sue
(1804–1857), viaggiatore, *dandy* e prolifico scrittore francese di romanzi
d'appendice a sfondo sociale, da alcuni addirittura considerato il padre del
thriller ante litteram. Secondo certe fonti, non di mera ispirazione si
dovrebbe parlare, ma forse di vero e proprio *plagio* dell'opera di Sue, o
almeno di alcune sue parti. Umberto Eco, nel suo libro *Six Walks in the
Fictional Woods*, del 1994, sostiene infatti che Joly abbia plagiato sette e più
pagine dell'opera di Sue (*"I have detected in this pamphlet no less than seven
pages that are, if not plagiarized, at least laden with generous and unconfessed
quotations from Sue"* – cfr. pag. 135).

Differenti, tuttavia, le coordinate genetiche dell'opera fornite da Joly nel
già citato schizzo autobiografico del novembre 1870. Riferisce Maurice,
infatti, di avere avuto l'idea per la creazione del Dialogo nel corso di una

passeggiata serale lungo la Senna, vicino al *Pont Royal*, accompagnata da pessime condizioni metereologiche. In quel frangente, Joly avrebbe improvvisamente pensato a Montesquieu *"come qualcuno che avrebbe potuto incarnare pienamente un lato delle idee che volevo esprimere"*. Riflettendo su di un possibile contraddittore, *"un'idea mi attraversò la mente: perbacco, Machiavelli! Machiavelli avrebbe personificato la politica della forza contro Montesquieu, che avrebbe rappresentato il diritto; e Machiavelli sarebbe stato Napoleone III, che avrebbe descritto la propria detestabile politica"*.

Joly non fa menzione dell'opera di Sue, ma sostiene invece di essersi ispirato al *Dialogues sur le commerce des blèds* (1770), dell'economista italiano Ferdinando Galiani (1728–1787), che gli avrebbe fornito l'idea per il suo libro (*"Ho pensato ad una storia del Basso impero, poi improvvisamente mi ricordai dell'impressione che mi fece un libro conosciuto soltanto dagli amatori e intitolato* Dialogue sur le blès *di Abbè Galliani"*). La connessione tra queste due opere, pur espressamente rivendicata dall'autore francese, non ha tuttavia convinto Carlo Ginzburg, il quale, prendendo spunto da un ulteriore e diverso accenno fatto dallo stesso Joly, rinvia piuttosto, quale testo "correlato" al Dialogo, alla *Satyre Ménippée* (1824), pamphlet anticattolico ispirato a Luciano di Samosata.

Joly fece pubblicare il Dialogo – anonimo, con la sola dicitura *"da un contemporaneo"* – a Bruxelles, con l'obiettivo di diffonderlo poi illegalmente in Francia. Si era nella prima metà degli anni '60 del 1800 e qualunque critica verso il regime sovrano era ovviamente proibita. Le copie del Dialogo vennero puntualmente intercettate dalla Polizia, che le sequestrò.

Se, all'epoca della pubblicazione della summenzionata parodia *Cèsar*, Joly se l'era cavata con la semplice distruzione di tutte le copie stampate, questa volta non riuscì a scampare agli ingranaggi della giustizia penale. Maurice venne identificato come responsabile della scrittura del libello, imputato e processato. A causa dei toni del Dialogo – considerati fortemente incendiari nei confronti di Napoleone III – il 28 aprile 1865 Joly fu condannato dalla VI Sezione del *Tribunel Correctionel* della Senna alla pena di quindici mesi di detenzione (pena addirittura aumentata dalla Corte di Appello, la quale, in secondo grado, portò la sanzione a diciotto mesi), oltre a duecento franchi di pena pecuniaria per *"excitation à la haine et au mépris du governement"* (di fatto, sedizione). A giudicare dalle sue stesse parole, l'esperienza del procedimento penale deve aver duramente segnato Joly, che pare, peraltro, aver tentato di difendersi eccependo una forma (chissà se appositamente "precostituita"...) di mancanza di giurisdizione, essendo il libro stato stampato a Bruxelles anziché a Parigi (*"Sono stato arrestato, processato e condannato per la pubblicazione in Francia anche se l'opera era apparsa in Belgio; una sentenza della Corte imperiale, una sentenza della Corte di Cassazione... mi difendo davanti a tutti i gradi di giurisdizione e mi difendo da solo, tranne che dinanzi alla Corte imperiale, dove avevo come difensore l'avvocato Desmarest, il cui cuore è elevato, così come il suo talento. Diciotto mesi di prigione, sei mesi di processo; in tutto, due anni di carriera perduti. (...) O sorte, ingrata sorte, che favorisce solo i cortigiani! Nulla mi compenserà mai di ciò che ho sofferto!"*).

Nel 1868 viene effettuata (sempre a Bruxelles) una seconda pubblicazione del Dialogo, questa volta non più in forma anonima, ma con la indicazione del nome dell'autore (*"Par un contemporain (Maurice Joly)"*) e riuscendo, stavolta, a raggiungere un più vasto pubblico di lettori. Già nel 1865 – ben prima, quindi, della seconda edizione belga e mentre l'autore si trovava rinchiuso nel carcere di Sainte-Pélagie in espiazione pena – l'opera era stata tradotta in tedesco e pubblicata a Lipsia (Sassonia), città celebre per i focolai rivoluzionari ed il pensiero liberale di opposizione ai regimi autoritari.

Dopo la seconda edizione del Dialogo, non resta molto da raccontare della vita di Maurice Joly. I tempi successivi alla scarcerazione non devono essere stati per nulla facili, segnati dalla rovina della carriera forense (chi vuole farsi assistere da un avvocato pregiudicato?), dalla mancanza di denari, e forse anche da problemi di salute dovuti alla prigionia. Joly riferisce di soffrire di reumatismi sciatici contratti in carcere a causa dell'estremo freddo e ricorda con dolore i momenti successivi all'uscita da Sainte-Pélagie: "*Tornai ad esercitare nel Foro senza clienti (...) la mia condanna mi aveva messo all'indice e non riuscivo a far accettare un solo libro ai librai di Parigi, che mi respingevano tutti con foga*".

Il nostro protagonista fonda allora un nuovo giornale, chiamato *Le Palais – journal de critique judiciaire, politique et littéraire*, che pubblica sessantatré numeri in tutto, dal novembre 1868 al giugno 1869. Il giornale chiuderà i battenti dopo una lite tra Maurice ed il suo principale collaboratore in quella neonata impresa giornalistica. Nelle intenzioni di Joly, *Le Palais* avrebbe dovuto essere principalmente un giornale di diritto, centrato su questioni giuridiche, ritenendo egli impossibile praticare il giornalismo politico sotto l'Impero (la storia di questa avventura giornalistica è riportata in dettaglio nella più volte citata autobiografia). Sulla fine de *Le Palais* incide sicuramente anche la decisione di Maurice di dedicarsi – con esiti disastrosi – alla carriera politica e candidarsi personalmente alle elezioni, presentandosi nella terza circoscrizione.

Nel 1870 crolla l'Impero di Napoleone III e l'avvocato Joly riesce ad ottenere una posizione di governo grazie a quello stesso Jules Grévy (1807–1891, considerato il primo presidente repubblicano della Francia) che lo aveva inizialmente spinto a realizzare i ritratti dei membri del Foro parigino. Ma anche in questo nuovo ruolo, Joly non riesce a rimanere a lungo. Vale la pena di fare un inciso: Jules Grévy ha veramente avuto un ruolo determinante nella vita di Joly. Leggendo l'autobiografia di quest'ultimo, infatti, il nome di Grévy ricorre in continuazione, ripetuto in modo quasi ossessivo, al punto tale da spingere l'autore ad esclamare, con disperazione: "*Grevy, ancora quell'uomo sul mio cammino!*".

Sempre nel 1870, Joly si cimenta in una campagna politica contro l'odiato Napoleone III nell'ambito del referendum costituzionale francese dell'8 maggio e scrive un *Epilogo* al Dialogo agli inferi, che viene pubblicato da *Le Gaulois* (30 aprile 1870) e da *La Cloche* (2 maggio – 10 maggio 1870). Nel 1871, troviamo Joly impiegato di basso livello presso la Comune di Parigi (l'autogoverno rivoluzionario che sopravvisse dal 18 marzo al 28 maggio 1871), cui partecipò con ardore, difendendo per senso di patriottismo la continuazione della lotta contro la Prussia. Degno di ricordo è un suo appassionato intervento – pare accolto con fischi e interruzioni – tenutosi al *club della Porte Saint Martin*, con il quale Joly si schierò a favore dall'ala moderata repubblicana, rigettando invece la *Comune rivoluzionaria* e criticando duramente il governo provvisorio. Da menzionare anche l'episodio che portò al suo secondo arresto – quando scrisse la propria autobiografia presso la prigione della *Conciergerie* (v. *supra*) –, connesso al moto insurrezionale del 31 ottobre 1870, quando, avuta notizia della capitolazione di Metz, una folla si radunò all'Hotel de Ville chiedendo la sostituzione del governo.

Successivamente, Maurice si affiliò a *La Clémente Amitié*, una loggia massonica fondata nel 1805 e particolarmente in vista all'inizio del Secondo Impero e poi sotto la Terza Repubblica (pare che la loggia in questione, nel 1881, contasse circa 285 membri).

Gli ultimi anni di Joly appaiono densi di solitudine e amarezza. Dimenticato, isolato, non considerato dall'ambiente nel quale aveva sempre anelato di distinguersi, Joly pubblica soltanto due opere dal 1871 al 1878 (*Le Tiers-Pari républicain* nel 1872 e *Les Affamés, étude de moeurs contemporains* nel 1876).

Joly, peraltro, era ancora sotto stretto controllo della polizia. Basti pensare che, in data 8 giugno 1871 (dopo la famigerata *semaine sanglante* del 21–28 maggio, la brutale repressione della Comune) la sua abitazione sita in boulevard Saint-André venne perquisita.

Ci sembra di poter intravedere in quel momento un Maurice frustrato, stanco di tutto, disilluso, forse rancoroso, che risulta aver promosso – in quegli ultimi anni di dimenticatoio – azioni legali contro ben dieci testate giornalistiche, per non avere accettato i suoi scritti oppure per non avere pubblicato notizie sul suo conto. Joly continuò, comunque, a collaborare assiduamente con alcuni giornali, soprattutto con il noto *La Liberté*, sulle cui pagine portò avanti la propria personale polemica contro la sinistra repubblicana.

Il 15 luglio 1878, nel suo appartamento sito al numero 5 di *Quai Voltaire*, Joly viene trovato cadavere. La causa ufficiale della morte venne stabilita in suicidio da arma da fuoco, anche se le fonti concordano sul fatto che le precise circostanze del decesso (inclusa la data esatta) non poterono essere determinate con certezza assoluta. Un trafiletto tra le venti e le trenta righe, alla pagina tre dell'edizione di *Le Figaro* di mercoledì 17 luglio 1878 lo ricorda sotto le *notizie varie*. Stando allo storico giornale parigino, erano passati circa otto giorni dall'ultima volta che Joly era stato visto in giro, ma, avendo avuto notizie che stesse per partire per la campagna, la sua assenza non aveva destato allarmi. *Le Figaro* non ha il minimo dubbio nel sostenere che si sia trattato di suicidio: "(...) *lunedì sera, il portiere, cercando la causa di un cattivo odore che si stava diffondendo in tutta la casa, ha riconosciuto che l'odore proveniva dall'appartamento al terzo piano (...) Andò ad avvertire il sig. Gilles, il commissario di polizia di Saint-Thomas d'Equin, che arrivò con il dottor Bernier de Bournonville. La porta fu aperta. Maurice Joly fu trovato seduto sulla sua poltrona, con la testa piegata a destra, entrambe le braccia penzoloni e un revolver appoggiato sul pavimento accanto a lui. Si era sparato due volte alla testa. Il corpo era in completo stato di putrefazione. La morte deve essere avvenuta circa otto giorni fa, cioè quando aveva detto che sarebbe partito. Si dice che da tempo mostrava segni di alienazione mentale".*

Alcuni studiosi sostengono che, in realtà, Maurice Joly sarebbe stato assassinato e che il suicidio sarebbe una messinscena, in quanto egli sarebbe divenuto un personaggio troppo "scomodo" per restare in vita. Al netto di un non trascurabile dettaglio nel resoconto de *Le Figaro* che ci ha lasciati perplessi (chi si suicida sparandosi alla testa "due volte"?), la tesi dell'assassinio non appare del tutto convincente e, comunque, sprovvista di concrete evidenze.

Del resto, come giustamente ricorda Renzo Repetti, nella sua ultima opera *Les Affamés* proprio lo stesso Maurice scriveva che *"l'insuccesso continua e porta con sé lo scoraggiamento e la demoralizzazione... vivere è un problema che conduce, a lungo andare, al crimine o al suicidio"*.

In età contemporanea, il Dialogo agli Inferi è stato ampiamente riscoperto e rivalutato dagli studiosi, specialmente francesi, che ne hanno riconosciuto il valore e, in certi casi, lo hanno addirittura collocato tra i "classici" del pensiero politico del XIX secolo.

Nel 2015, la sua città natale, Lons-le-Saunier, ha dedicato una via al nostro protagonista: *Rue Maurice Joly*, una verdeggiante stradina punteggiata di graziose villette, non distante dalla stazione ferroviaria.

I Protocolli dei savi di Sion

Morto il suo autore, il *Dialogo agli inferi tra Machiavelli e Montesquieu* si inabissa. Non particolarmente nota, né particolarmente diffusa all'epoca della sua pubblicazione, l'opera vive un lungo periodo di oblio. Fino a quando la storia non le regala una seconda vita, eccentrica oltre ogni dire.

Facciamo un salto di circa quarant'anni dalla prima edizione belga del *Dialogo agli inferi* e spostiamoci nella Russia zarista. L'impero inizia a scricchiolare. Il regno dello Zar Nicola II ribolle – ormai da molto tempo – di violenti moti rivoluzionari e l'insurrezione serpeggia ovunque. Nel 1881, il predecessore di Nicola II – Alessandro III – istituisce la *Ochrana*, una vera e propria polizia segreta, dotata di enorme potere coercitivo su chiunque fosse anche solo sospettato di svolgere attività eversiva, nonché di controllo su diversi settori della società civile (come la stampa o l'università). L'*Ochrana* sostituì, di fatto, la precedente "Terza Sezione", istituita nel 1826.

Sul finire del XIX secolo, un agente dell'*Ochrana* di origini aristocratiche, chiamato Matvej Vasil'evič Golovinskij (1865–1920) si trova a Parigi, dove – pare su incarico ricevuto direttamente dal capo della polizia segreta, Pëtr Račkovskij (1853–1910) – si occupa di scrivere articoli sul giornale *Le Figaro*. Qui, Golovinskij incontra e lavora assieme a Charles Joly, figlio di Maurice. Ebbene, secondo la ricostruzione svolta da alcuni storici, vi sarebbero le prove che Golovinskij – utilizzando, anzi plagiando proprio il *Dialogo agli inferi* tra Machiavelli e Montesquieu del defunto padre del suo collega Charles – abbia scritto i famigerati *Protocolli dei Savi di Sion*, ovverosia uno dei falsi storici più noti e nefasti mai realizzati.

Altra pista interessante che merita essere menzionata è quella che lega i Protocolli al giornale francese *La Liberté*, con cui Maurice Joly collaborò negli anni '70 del 1800 (v. *supra*). Fra i giornalisti de *La Liberté* vi era, infatti, anche tale Edouard Drumont, violento antisemita che, nelle sue opere, citò proprio Joly (storpiandone il nome in "Jolly"), i *pamphlet* antinapoleonici e i *Dialoghi dei morti*. Questi ultimi collegherebbero Drumont e il quotidiano di cui era direttore (*La Libre Parole*) a Sibylle Gabrielle Marie Antoinette *comtesse* de Mirabeau-Martel, famosa autrice di scritti antiebraici. I

Protocolli hanno indiscutibilmente origine, da qualche parte, in questo ginepraio, i cui rivoli sono accomunati dal fervore antisionista.

A prescindere dalla paternità dell'opera – non tutti gli storici, come accennato, concordano sulla individuazione di Golovinskij quale colpevole della materiale redazione – è pacifico che il *Dialogo* di Maurice Joly sia stato plagiato per creare il clamoroso falso dei *Protocolli*: un documento che ha avuto un ruolo centrale nell'antisemitismo novecentesco.

In estrema sintesi, plagiando il lavoro di Maurice Joly, il disegno politico di Machiavelli – che, ricordiamolo, nel Dialogo agli inferi doveva rappresentare, in chiave satirica e critica, il governo "autoritario" di Napoleone III, in contrapposizione al pensiero di Montesquieu – viene "camuffato" facendogli assumere le sembianze di un ancestrale progetto ebraico di controllo del mondo intero e dandogli la veste di antichi "protocolli". Appunto, i *Protocolli dei Savi di Sion*.

Un falso documentale talmente palese, che la sua non autenticità venne appurata già nei tempi immediatamente successivi alla prima pubblicazione (e precisamente dal *The Times* con una serie di articoli del 1921, seguito dal *Frankfurter Zeitung* nel 1924). Ciononostante, i Protocolli sono sopravvissuti lungo tutto il XX secolo e sono arrivati fino ai giorni nostri, divenendo un vero e proprio "classico" tanto della falsificazione, quanto dell'antisionismo.

Il Dialogo agli inferi venne tradotto in russo nel 1872. È quindi plausibile che, dopo l'omicidio dello Zar Alessandro II (ucciso da una bomba il 13 marzo 1881 per mano del rivoluzionario bielorusso Ignatij Ioachimovič Grinevickij, anch'egli morto nell'attentato), l'*Ochrana* abbia "riesumato" il testo dello sconosciuto (almeno in Russia) Joly, trovandolo perfetto come base per la creazione dei falsi Protocolli, da diffondere con finalità antiebraiche e anti-insurrezionaliste.

Per completezza, va detto che Maurice Joly non fu fonte unica per la redazione dei Protocolli: è infatti certo che essi avevano attinto anche al romanzo *Biarritz* (1868) dell'autore Prussiano Hermann Goedsche.

Per scrivere la storia dei Protocolli dei Savi di Sion servirebbe un libro a sé (che del resto già esiste, anche di autore italiano: "*Il manoscritto inesistente, i 'Protocolli dei savi di Sion*'", C. G. De Michelis, Marsilio, 2004).

In questa sede, ci limiteremo a ricordare come la loro prima comparsa (a puntate ed in versione abbreviata) risalga al periodo compreso tra l'agosto ed il settembre del 1903 sul quotidiano di San Pietroburgo *La Bandiera*, pubblicato da Pavel Aleksandrovich Kruševan (1860–1909). Questi – giornalista ed editore – fu un acceso nazionalista e violento antisemita, considerato uno degli scatenatori del famigerato *progrom* di Kinishev dell'aprile 1903 (un massacro di almeno 49 persone). Da quel momento, i Protocolli dilagarono ovunque.

Dopo la Russia (Paese in cui si diffusero soprattutto dopo il 1905), i Protocolli sbarcarono nel Regno Unito, dove andarono esaurite ben cinque edizioni in un solo anno. Contemporaneamente, un personaggio del calibro di Henry Ford ne finanziò la pubblicazione di addirittura 500.000 copie negli Stati Uniti d'America. Nel 1919, i Protocolli vennero per la prima volta tradotti in tedesco e, nel 1923, finirono nelle mani dell'ideologo del Partito Nazista Alfred Rosenberg, diventando un pilastro "culturale" per la persecuzione e lo sterminio degli ebrei. Nel 1934 i Protocolli furono diffusi, come autentici, in Svizzera, dando origine al celebre "processo di Berna". Nello stesso anno, troviamo un caso giudiziario inerente i Protocolli persino in Sudafrica.

Ancora oggi – in modo a dir poco incredibile – i Protocolli circolano in tutto il mondo: Giappone, Asia, America Latina. Li troviamo spesso negli anfratti di varie realtà di estrema destra (come nel caso del gruppo ellenico *Alba Dorata*, che ha distribuito il libro ai suoi appartenenti) e, più in generale, ne hanno fatto e continuano a farne uso tutti coloro che fomentano l'odio antisemita. A questo proposito, è paradigmatico l'esempio del Medio Oriente, dove i Protocolli hanno goduto e ancora godono di una amplissima diffusione (si pensi solo che in Libano, nel 1970, i Protocolli furono per un periodo il libro più venduto nella categoria "saggi").

E l'Italia? Nel 1938, la *Vita Italiana* – storica rassegna mensile di politica ("*Chi non è con noi, è contro di noi*") – pubblica la terza edizione de *I Protocolli dei Savi Anziani di Sion*. Tale rivista era diretta da Giovanni Preziosi, politico, giornalista, fervente fascista, ispettore generale per la demografia e la razza nel 1944 su ordine di Mussolini e suicida a Milano il 27 aprile 1945 (il giorno prima della morte del Duce). Preziosi, noto per essere un fanatico antisemita, al termine della *Grande Guerra* tradusse per la prima volta i Protocolli in italiano (dalla versione inglese) e ne favorì in ogni modo la diffusione. "*Quanto segue*" – scrive Preziosi nel 1938 – "*è la ristampa fedele della prima edizione italiana di questo terribile documento, pubblicato a Roma da 'La Vita Italiana' nel febbraio del 1921 ed esauritasi nel luglio del 1937*" (...) "*la seconda edizione, pubblicata nell'ottobre dello scorso 1937, si è rapidamente esaurita in tre mesi*".

La terza edizione è "impreziosita" da una serie di documenti aggiuntivi. Anzitutto, un'introduzione a firma di Julius Evola. Particolarmente interessante è la parte in cui, affrontando il tema dell'autenticità dei Protocolli, assume una posizione (invero, affatto "nuova", in quanto la si ritrova già in opere precedenti), che sarà poi ripresa da molti altri: che i Protocolli siano effettivamente autentici o meno è una questione irrilevante, in quanto ciò che rileva e che sarebbe indiscutibile è la loro veridicità, intesa come rispondenza alle reali idee del sionismo.

Scrive Evola: "*Occorre anzitutto affrontare il famoso problema della 'autenticità' del documento, problema sul quale si è voluto tendenzialmente concentrare tutta l'attenzione e misurare la portata e la validità dello scritto. Cosa invero puerile. (...) il problema della loro 'autenticità' è secondario e da sostituirsi con quello, ben più serio, della loro 'veridicità' (...) quand'anche ... i Protocolli non fossero 'autentici' nel senso più ristretto, è come se essi lo fossero, per due ragioni capitali e decisive: 1) perché i fatti ne dimostrano la verità; 2) perché la loro corrispondenza con le idee-madre dell'ebraismo tradizionale e moderno è incontestabile*"; e ancora: "*quand'anche i Protocolli fossero stati inventati, l'autore avrebbe scritto quel che ebrei fedeli alla loro tradizione e alla volontà profonda d'Israele penserebbero e scriverebbero*".

Evola, dopo essersi occupato del cosiddetto processo di Berna – un giudizio iniziato nel 1934 e conclusosi nel 1935 avanti la Corte Cantonale di Berna con la dichiarazione di falsità dei Protocolli (nonché del fatto che fossero un plagio) – ha qualche parola anche per il nostro Maurice Joly: "*... già nel 1921 il* Times *aveva sollevata la quistione del plagio, del fatto che il testo riproduce idee e frasi di un* pamphlet *di un certo Jolly* [si ricordi la storpiatura del cognome operata da Drumont, ndr] *(egli stesso semi-ebreo, rivoluzionario e massone), uscito nel 1865 (...) una tale corrispondenza – o 'plagio' – è vera, e nemmeno si restringe alla sola opera del Jolly, estendendosi a diverse altre opere preesistenti*". Ma ciò, per il *filosofo nero* non rileva, in quanto "*mentre l'ebraismo internazionale ha impegnato tutte le sue forze per dimostrare che i Protocolli sono 'falsi', esso ha sempre e con la massima cura evitato il problema di vedere, fino a che punto, questo documento falso o vero che sia, corrisponda allo spirito ebraico*".

Da notare come già la prefazione alla prima traduzione italiana del febbraio 1921 contenesse le stesse identiche idee circa l'irrilevanza dell'autenticità, in ragione della asserita "veridicità" dei Protocolli. Così come interessante è che praticamente le stesse parole furono utilizzate da

Adolf Hitler nel suo *Mein Kampf*: *"... la cosa importante è che con terrificante certezza essi* [i Protocolli, n.d.r.] *rivelano la natura e l'attività del popolo ebraico ed espone i loro contesti interni come anche i loro scopi finali"*.

La terza edizione de *la Vita Italiana* riporta, ancora, l'introduzione del prof. Sergyei Nilus del 1905. Questi fu uno scrittore russo, presunto "mistico", responsabile della pubblicazione estesa dei Protocolli nell'impero dello Zar). Da evidenziare come Nilus ebbe un ruolo chiave nella creazione del falso mito dei Protocolli, avendo sostenuto nel suo libro *Il Grande nel Piccolo: la venuta dell'Anticristo e il Regno di Satana sulla Terra* che i Protocolli sarebbero stati realizzati nel corso del primo congresso sionista di Basilea tenutosi alla fine dell'Ottocento (ennesima, clamorosa, fandonia).

A chiudere l'edizione in commento, dopo una serie di articoli a sua firma sulla *internazionale ebraica* e i suoi presunti progetti di conquista del mondo (finalizzati a *"dimostrare l'attuazione del piano ebraico così come è tracciato nei Protocolli"*), l'instancabile Preziosi allega alla terza edizione dei Protocolli un singolare elenco intitolato *Gli ebrei in Italia*, ovverosia l'elencazione per cognomi di 9.800 famiglie di ebrei. *"Manca in Italia"* – denuncia infatti Preziosi – *"un vero e proprio elenco dei cognomi di ebrei italiani"*.

Non per coincidenza, la pubblicazione che abbiamo illustrato fu sostanzialmente coeva all'approvazione delle leggi razziali in Italia da parte del Consiglio dei Ministri.

Chissà cosa avrebbe risposto Maurice Joly – pensatore libertario e nemico dei regimi autoritari – se qualcuno gli avesse detto che la sua opera sarebbe stata un giorno usata per dare avvio alla discesa nel baratro della *Shoah*. Probabilmente, lo avrebbe preso per pazzo.

Il Dialogo agli inferi letto oggi

La lettura del Dialogo agli inferi (del resto, un vero e proprio dialogo infernale) è disturbante. Il libro, conclusa l'ultima pagina, lascia il lettore stremato, con un indefinito senso di fastidio e con un sotterraneo tremore di inquietudine. La sensazione metaforicamente paragonabile all'aver guardato dentro uno specchio del passato che riflette il nostro presente. Nel riflesso, lo specchio ha sorriso demoniaco.

L'opera è strutturata in venticinque dialoghi, a loro volta suddivisi in quattro parti. Per il lettore, non è un testo del tutto agevole. Soprattutto la parte iniziale – prima che Machiavelli prenda il sopravvento e "schiacci" Montesquieu con il suo diabolico disegno politico – può risultare di lettura a tratti farraginosa. E tuttavia, si tratta di una parte incredibilmente ricca di spunti di riflessione. Spunti che sono di disarmante attualità.

Dal punto di vista strettamente letterario, riteniamo – valutazione che il prefatore esprime con assoluta umiltà – che l'opera, in termini complessivi, non si caratterizzi per uno spessore particolarmente elevato. Tuttavia, essa, allo stesso tempo contiene alcuni passaggi di scrittura affascinante e oggettivamente coinvolgente, conturbante. Ci riferiamo, in particolare, ai brani dell'opera in cui, in un crescendo rossiniano, Machiavelli delinea le modalità con cui il suo governo controllerà ogni momento della vita pubblica (a titolo puramente esemplificativo, si pensi al passaggio – citatissimo da ogni commentatore dell'opera – in cui il governo viene paragonato al Dio indiano Visnù e si parla del "governo giornalista"). Del resto, che l'opera contenga in sé, in particolare in alcune sue parti, una carica letterariamente valida riteniamo sia implicitamente dimostrato anche dal fatto che proprio i massimi esperti del controllo e della manipolazione delle menti dell'epoca (come detto, i membri della polizia segreta zarista) leggendolo vi abbiano visto il terreno fertile per la creazione del più diffuso e nefasto falso storico dei nostri tempi.

Particolarmente apprezzabili – sia pur estremamente contenuti – sono anche i colpi di cesello che Joly talvolta dà all'inizio o alla fine dei dialoghi, quasi a ricreare un contesto teatrale (la spiaggia deserta che apre il libro, ovvero le "ombre" che a quella si avvicinano).

Secondo l'analisi di Carlo Ginzburg (*"Il filo e le tracce – vero falso finto"*, Milano, 2006), per definire a quale genere letterario appartenga il *Dialogo* di Joly, occorre riferirsi alla cosiddetta categoria dei dialoghi dei morti, un genere reso celebre o forse persino inventato da Luciano di Samosata nel II secolo d.C. Ciò che più interessa, in questa sede, non è comunque l'aspetto letterario dell'opera, bensì quello contenutistico, che, a nostro avviso, è anche quello di maggior rilievo.

—

Si ricorda che Maurice Joly era un avvocato. Ricorrenti ed estremamente suggestivi, infatti, sono i brani del Dialogo in cui si parla, a vario titolo, della giustizia.

Bellissima, per esempio, la riflessione in cui Machiavelli parla del diritto: *"...non ti accorgi che la stessa parola 'diritto' è infinitamente vaga? Dove inizia e dove finisce? Quando esiste e quando non esisterà più? (...) Prendi uno Stato che sta per cadere in rovina per la cattiva organizzazione dei poteri pubblici, la democrazia in bilico, l'impotenza delle leggi contro i faziosi e il disordine che regna dappertutto. A un certo punto appare un uomo audace che sale dai ranghi dell'aristocrazia o dal seno del popolo, rompe tutti i poteri costituiti, mette mano alle leggi, rimescola tutte le istituzioni e regala vent'anni di pace al suo Paese. Aveva il diritto di fare ciò che ha fatto?"*.

Quanto, di una simile frase, può essere riferito agli eventi che hanno cosparso di sangue il XX secolo? Quanti "uomini audaci" sono apparsi, dal "seno del popolo", hanno "rotto tutti poteri costituiti, messo mano alle leggi, rimescolato le istituzioni", per garantire "la pace" al proprio Paese?

Altrettanto affascinante è la replica di Montesquieu: *"voi non lasciate spazio alla morale, alla religione o al diritto. Ha solo due parole in bocca: forza e astuzia (...) il vostro principio è che dal male può nascere il bene e che è lecito fare il male quando può portare il bene (...)"*. Di particolare rilievo, poi, questo passaggio: *"Se mi domandate qual è il fondamento del diritto, vi dirò che è la morale i cui precetti non sono affatto dubbi o oscuri perché sono scritti in tutte le religioni e sono impressi a caratteri di fuoco nella coscienza dell'uomo. È da questa fonte pura che devono scaturire tutte le leggi civili, politiche, economiche e internazionali"*.

Il tema è davvero tanto importante, quanto di estrema complessità: il rapporto tra morale e diritto. Tema che ha vissuto, con specifico riferimento alla branca del diritto penale, un famoso dibattito relativamente alla rilevanza dell'omosessualità quale fatto penalmente illecito. Il riferimento è al Regno Unito della fine anni '50 del XX secolo. Nel 1957, venne proposta la depenalizzazione degli atti di omosessualità tra adulti consenzienti, allora previsti come reati. La proposta di legge era motivata proprio sul rilievo che dovesse esistere *"un ambito di moralità e immoralità privata che, in termini puri e semplici, non compete alla legge regolare"*. Celeberrimo lo scontro dialettico che ne derivò tra il giurista *lord* Devlin e il filosofo del diritto H.L.A. Hart. Secondo Devlin, il diritto penale trova il proprio fondamento nella morale (come echeggia il Montesquieu di Joly). Secondo Hart, invece, il diritto penale deve servire solo ed esclusivamente a reprimere fatti dannosi, rimanendo da esso avulso qualsiasi finalità di rafforzamento della morale.

Posizione, quest'ultima, che si ricollega peraltro ai classici della filosofia giuridica liberale, quali J. Stuart Mill o Cesare Beccaria.

L'importanza del tema travalica i confini britannici: basti pensare che in Germania gli atti di omosessualità vennero depenalizzati nel 1969 e in Austria (che aveva una legislazione che reprimeva anche gli atti di omosessualità femminile) nel 1971.[1] Il richiamo alla morale, rispetto al diritto e alla legislazione è, peraltro, frequentissimo anche in materia di uso di sostanze stupefacenti.

Joly, nel corso del Dialogo, menziona anche l'ordine degli avvocati, di cui egli stesso era membro. *"Negli Stati in cui l'avvocatura è costituita in corporazione"* – argomenta Machiavelli – *"coloro che devono essere giudicati, guardano all'indipendenza di tale istituzione come ad una garanzia inseparabile dal diritto di difesa dinanzi ai tribunali, come se si trattasse del loro onore, del loro interesse, della loro vita. Risulta arduo intervenire in questo campo, perché, al grido dell'intera corporazione, l'opinione pubblica potrebbe allarmarsi. Non ignoro perciò che questo organismo sarà un ricettacolo di influenze altamente ostili al mio potere. Questa professione, e voi lo sapete meglio di me, Montesquieu, sviluppa certi caratteri freddi ed ostinati nelle proprie idee, spiriti la cui tendenza è quella di ricercare gli atti nel potere, l'elemento della pura legalità"*.

Il prefatore, da avvocato, percepisce in queste parole di Joly una certa fierezza, un forte senso di appartenenza, una grande consapevolezza dell'importanza della funzione sociale dell'avvocatura. Il tema, in realtà, è articolato e non immune da controversie (Platone, ad esempio, non aveva in grande considerazione gli "avvocati" del suo tempo). Indiscutibile, in ogni caso, è che ancora oggi, in larghe parti del mondo in cui i diritti umani e le

---

[1] Per una panoramica sull'argomento: G. Forti, *L'immane concretezza – metamorfosi del crimine e controllo penale*, Milano, 2000, pagg. 65 – 77.

libertà individuali sono calpestati, gli avvocati spesso rappresentino un baluardo di resistenza al potere.

—

Concludiamo con alcune brevi, personali riflessioni, senza pretesa d'ordine, andando "a braccio" come talvolta gli avvocati fanno nelle loro arringhe.

Ai nostri giorni paiono applicabili, in modo inquietante, numerosi brani del Dialogo. A titolo d'esempio: *"Al giorno d'oggi"* – dice Machiavelli – *"non si tratta di usare la violenza contro gli uomini, ma di disarmarli. Non si devono reprimere le loro passioni politiche, ma annullarle. Non combattere i loro istinti, ma ingannarli. Non bandire le loro idee, ma cambiarle e farne proprie (...) il segreto principale del governo consiste nell'indebolire la morale pubblica fino a renderla completamente disinteressata alle idee e ai principi con cui oggi si fanno le rivoluzioni (...) bisogna saturare il popolo fino a portarlo alla stanchezza e al disgusto"*.

Abbiamo citato in precedenza il *governo giornalista* delineato da Machiavelli, il governo che come il Dio induista Visnù ha cento braccia che arrivano ovunque. Oggi non è azzardato parlare del *governo influencer*. Un governo che arriva ovunque con un *post*, con un *reel*, con un *tweet*. Un governo che annuncia una riforma (e la rende accettabile per il popolo) con una storia su *Instagram*, che fa campagna elettorale pubblicando fotografie su *Facebook*. Con cittadini stanchi, esausti, portati al disgusto e al totale disinteresse (in Italia, al giorno d'oggi, l'astensionismo è arrivato al 60%), che ormai solo su quelle piattaforme *vivono* (*"sempre che questo sia vivere"* – per fare una nota citazione cinematografica).

Quanto, del Dialogo infernale tra Machiavelli e Montesquieu, è spaventosamente traslabile nella nostra contemporaneità? Il governo autoritario dell'oggi non ha più bisogno di fucili, di polizia politica, di repressione. Il suo campo di battaglia non sono più le strade delle città, ma le menti della popolazione.

Forse chi scrive ha letto troppi romanzi di fantascienza, eppure l'opera di Joly, applicata al nostro presente, lascia intravedere un orizzonte fosco, distopico: un futuro in cui il voto sarà sostituito dal *like* alla pagina del *social media*, in cui la comunicazione sarà gestita attraverso un canale *YouTube*, in cui la conoscenza sarà filtrata dagli interventi sulle enciclopedie *online*. Un mondo in cui lo *smartphone* sarà il nostro oracolo. Un mondo di schiavi, felici, soddisfatti e inconsapevoli: la servitù regolata, dolce e tranquilla che già aveva profetizzato Tocqueville.

Terminando il nostro "incubo" ad occhi aperti, coloro che governeranno, coloro che deterranno il potere, saranno i pochi (pochissimi) che ancora possederanno i libri, compreso questo spaventoso, perfetto manuale per una democratica dittatura contemporanea che vi accingete a leggere.

Filippo Ferri[2]
Milano, gennaio 2024

---

[2] Avvocato in Milano.

Una Semplice Avvertenza

Questo libro, per i suoi contenuti, può essere riferito a qualsiasi sistema politico; tuttavia esso ha uno scopo più preciso: intende presentare, in particolare, quel sistema rimasto immutato dalla data nefasta e ormai troppo lontana, ahimè, della sua fondazione. Non si tratta né di un libello né di un pamphlet; le popolazioni odierne sono troppo civilizzate per accettare brutali verità sulla politica contemporanea. La durata soprannaturale di certi successi finisce per corrompere la stessa onestà, ma la coscienza pubblica è ancora viva e un giorno finalmente il Cielo scenderà in campo nella partita che contro di lui si sta giocando.

Certi fatti e certi principi si giudicano meglio quando vengono valutati al di fuori del quadro nel quale abitualmente si muovono sotto i nostri occhi. Il cambiamento del punto di vista intimorisce perfino lo sguardo! Qui tutto è presentato sotto forma di finzione e sarebbe superfluo fornire in anticipo la chiave di lettura. Se questo libro ha un suo valore, se esso racchiude un insegnamento, occorre che il lettore lo comprenda da sé. La lettura di quest'opera, d'altronde, non mancherà di interpretazioni divergenti: bisogna tuttavia procedervi lentamente, come conviene per quegli scritti che non sono banali.

Non ci si domanderà quale mano ha vergato queste pagine: un'opera come questa è in qualche modo impersonale. Essa risponde a un richiamo della coscienza. Concepita da tutti, una volta apparsa, il suo autore resti anonimo; egli non è infatti che il redattore di un pensiero comune, un complice più o meno in ombra della coalizione del bene.

Ginevra, 15 ottobre 1864.

PARTE PRIMA

Dialogo Primo

Machiavelli - Mi è stato detto che, su questa spiaggia deserta, avrei incontrato l'ombra del grande Montesquieu. Sono proprio forse davanti a lui?

Montesquieu - L'appellativo di grande, qui, non appartiene a nessuno, o Machiavelli! Ma io sono colui che cerchi.

Machiavelli - Tra i personaggi illustri le cui ombre popolano la dimora delle tenebre, non c'è nessuno che abbia desiderato incontrare più di Montesquieu. Ricacciato in questi spazi sconosciuti dalla migrazione delle anime, ringrazio il caso per avermi finalmente portato al cospetto dell'autore dell'*Esprit des lois*[3].

Montesquieu - Il vecchio segretario di Stato della Repubblica fiorentina non ha ancora dimenticato il linguaggio di corte. Ma cosa possono scambiarsi coloro che hanno raggiunto questi lidi oscuri, se non angosce e rimpianti?

Machiavelli - È il filosofo o lo statista che parla così? Che importanza ha la morte per chi ha vissuto di pensiero, visto che il pensiero non muore? Per quanto mi riguarda, non conosco una condizione più tollerabile di quella

---

[3] *Esprit des lois*: Lo Spirito delle leggi, è lo scritto più importante del filosofo francese Montesquieu.

che ci viene data qui fino al giorno del Giudizio Universale. Essere liberi dalle preoccupazioni e dagli affanni della vita materiale, vivere nel dominio della pura ragione, poter conversare con i grandi uomini che hanno riempito l'universo dell'eco del loro nome, seguire da lontano le rivoluzioni degli Stati, la caduta e la trasformazione degli imperi, meditare sulle loro nuove costituzioni, sui cambiamenti apportati ai costumi e alle idee dei popoli europei, sui progressi della loro civiltà, nella politica, nelle arti, nell'industria, così come nella sfera delle idee filosofiche, quale teatro per il pensiero! Quanti nuovi punti di vista! Quali motivi di stupore! Quali rivelazioni inaudite! Quante meraviglie, se occorre dar fede alle ombre che scendono quaggiù! La morte è per noi come un lungo periodo di riposo durante il quale si possono comprendere appieno gli insegnamenti della storia e i caratteri dell'umanità. Il nulla stesso non è riuscito a spezzare tutti i legami che ci legano alla terra, perché i posteri si occupano ancora di coloro che, come Voi, hanno dato forti accelerazioni allo spirito umano. I vostri princìpi politici regnano ormai su quasi mezza Europa e se c'è qualcuno che può essere libero dalla paura dell'ultimo viaggio, chi lo può meglio di colui che si presenta alla Giustizia Divina con motivi di gloria tanto evidenti?

Montesquieu - Non parlate di Voi stesso, Machiavelli. Questo è un eccesso di modestia per chi abbia lasciato dietro di sé l'immensa fama dell'autore del *Principe*.

Machiavelli - Credo di capire l'ironia dietro alle Vostre parole. Il grande pubblicista francese mi giudicherebbe come la folla, che di me conosce solo il nome e un antico pregiudizio? Questo libro mi ha procurato una reputazione fatale, lo so: mi ha reso responsabile di ogni tipo di tirannia, mi ha attirato la maledizione di popoli che hanno riversato in me il loro odio per il dispotismo, ha avvelenato i miei ultimi giorni di vita, e il rimprovero dei posteri sembra avermi seguito fino ad oggi. Tuttavia, che cosa ho fatto?

Per quindici anni ho servito il mio Paese, che era una Repubblica; ho lottato per la sua indipendenza, e l'ho difesa senza sosta contro Luigi XII, contro gli spagnoli, contro Giulio II, contro lo stesso Borgia che, senza di me, l'avrebbe soffocata. L'ho protetta dai sanguinosi intrighi che le si accavallavano intorno, combattendo attraverso la diplomazia come un altro avrebbe combattuto con la spada, trattando, negoziando, legando o rompendo i fili a seconda degli interessi della Repubblica, la quale si trovava allora schiacciata tra le grandi potenze e sballottata dalla guerra come un battello. E non era un governo oppressore o autocratico quello che sostenevamo a Firenze: erano istituzioni popolari. Fui forse tra quelli che la fortuna fece cambiare? I boia dei Medici mi trovarono dopo la caduta di Soderini. Cresciuto con la libertà, con lei ho dovuto soccombere; ho vissuto da proscritto e senza che lo sguardo di un principe si degnasse di volgersi verso di me. Sono morto povero e dimenticato. Questa è la mia vita, e questi sono i crimini che mi hanno valso l'ingratitudine del mio Paese e l'odio dei posteri. Il cielo, forse, sarà più giusto con me.

Montesquieu - Sapevo tutto questo, Machiavelli, ed è per questo che non sono mai riuscito a capire come il patriota fiorentino, come il servitore di una Repubblica sia diventato il fondatore di questa scuola oscura che vi ha dato come discepoli tutte le teste coronate, ma che è capace di giustificare i più grandi crimini della tirannia.

Machiavelli - E se vi dicessi che questo libro non era altro che la fantasia di un diplomatico; che non era destinato alla stampa; che ricevette una pubblicità alla quale l'autore rimase estraneo; che fu concepito sotto l'influenza di idee che allora erano comuni a tutti i principati italiani desiderosi di espandersi a spese gli uni degli altri, e diretta da una politica astuta in cui il più perfido era reputato il più abile?

Montesquieu - È davvero questo che pensate? Visto che mi parlate con tanta franchezza, vi posso confessare che anch'io ero dello stesso parere e condividevo l'opinione di coloro che conoscevano la vostra vita e avevano letto attentamente le vostre opere. Sì, sì, Machiavelli, e questa ammissione vi onora, allora non avete detto quello che pensavate, o l'avete detto dominato da sentimenti personali che per un momento hanno disturbato la vostra lucida ragione.

Machiavelli - È su questo che vi sbagliate Montesquieu. Seguire l'esempio di coloro che hanno giudicato come voi. Il mio unico crimine è stato quello di dire la verità al popolo come ai re. Non la verità morale, ma la verità politica. Non la verità come dovrebbe essere, ma come è e come sarà sempre. Non sono io il fondatore della dottrina di cui mi è stata attribuita la paternità: è l'animo umano. Il machiavellismo è precedente a Machiavelli.

Mosè, Sesostri, Salomone, Lisandro, Filippo e Alessandro di Macedonia, Agatocle, Romolo, Tarquinio, Giulio Cesare, Augusto e persino Nerone, Carlo Magno, Teodorico, Clodoveo, Hugues Capet, Luigi XI, Gonzalo di Cordova, Cesare Borgia: questi sono gli antenati delle mie dottrine. La lista continua, naturalmente, di quelli che sono venuti dopo di me, dei quali sarebbe lungo l'elenco, e ai quali il Trattato sul *Principe* non ha insegnato niente che essi già non sapessero sulla pratica del potere. Chi mi ha reso, ai vostri tempi, più grande omaggio di Federico II? Nei suoi scritti egli rifiutava le mie dottrine per difendere la sua popolarità mentre in politica non esitava ad applicarle rigorosamente.

Per quale inspiegabile stranezza della mente umana sono stato criticato per ciò che ho scritto in questo libro? Parimenti bisognerebbe rimproverare al fisico di ricercare le cause della caduta dei corpi che ci feriscono quando cadono, al medico di descrivere le malattie, al chimico di descrivere i veleni, al moralista di descrivere i vizi, allo storico di scrivere la storia.

Montesquieu - Oh Machiavelli, peccato Socrate non sia qui a scoprire i sofismi[4] che si nascondono nelle tue parole! Per quanto la natura mi abbia reso inadatto alla discussione, non mi è difficile risponderti: voi paragonate il veleno e la malattia ai mali generati dal dominio, dall'astuzia e dalla violenza; e sono proprio queste malattie che i vostri scritti insegnano a comunicare agli Stati, questi veleni che voi insegnate a distillare. Quando il fisico, il medico, il moralista cercano le cause del male, non è per insegnare a propagarlo, ma per curarlo. Ecco, questo è ciò che il vostro libro non fa; ma a me non importa e non disarma allo stesso tempo. Dal momento in cui non erigete il dispotismo come principio, dal momento in cui voi stesso lo considerate un male, mi pare per ciò stesso che voi lo condanniate. E su questo punto almeno possiamo essere d'accordo.

Machiavelli - Non lo siamo, Montesquieu, perché non avete capito tutto il mio pensiero. Vi ho affiancato un paragone troppo facile da superare. La stessa ironia di Socrate non mi spaventa, perché egli era solo un sofista che si serviva, più abilmente di altri, di un falso strumento: la logomachia. Non è la vostra scuola e non è la mia. Lasciamo quindi le parole e i paragoni e atteniamoci alle idee. Ecco come formulo il mio sistema, e dubito riuscirete a farlo vacillare, perché non consiste altro che in deduzioni da fatti morali e politici di eternamente veri: l'istinto cattivo nell'uomo è più potente di quello buono. L'uomo è più incline al male che al bene. La paura e la forza hanno su di lui più influenza della ragione. Non mi soffermerò a dimostrare queste verità. Ai vostri tempi solo la scervellata cricca del barone d'Holbach, di cui Jean Jacques Rousseau era il sommo sacerdote e Diderot l'apostolo, avrebbe potuto contraddirle. Tutti gli uomini aspirano al dominio, e non ce

---

[4] Sofismo: in filosofia, ragionamento apparentemente valido ma inconcludente perché contrario alle leggi stesse del ragionamento.

n'è alcuno che non sarebbe un oppressore se potesse. Tutti, o quasi, sono pronti a sacrificare i diritti degli altri ai propri interessi.

Cosa trattiene questi animali feroci chiamati uomini? All'origine delle società, è la forza bruta senza freno; in seguito, è la legge, ovverosia, di nuovo la forza, regolata da norme. Avete consultato tutte le fonti della storia: la forza ovunque compare prima del diritto.

La libertà politica è solo un'idea relativa; l'istinto di sopravvivenza è ciò che domina gli Stati e gli individui.

In alcune parti d'Europa ci sono popoli incapaci di moderazione nell'esercizio della libertà. Se lì la libertà si prolunga, si trasforma in licenza; inizia una guerra civile o sociale e lo Stato viene meno per due motivi. O perché si divide e si smembra per effetto delle sue stesse convulsioni, o perché le sue divisioni lo rendono preda degli stranieri. In queste condizioni, il popolo preferisce il dispotismo all'anarchia: ha forse torto?

Una volta costituiti, gli Stati hanno due tipi di nemici: quelli interni e quelli esterni. Quali armi useranno in guerra contro gli stranieri? I due generali nemici si comunicheranno reciprocamente i piani di campagna per mettersi in condizione di difendersi? Si proibiranno a vicenda attacchi notturni, trappole, imboscate, battaglie con truppe in numero diseguale? No, certamente! Tali combattimenti sarebbero ridicoli. E queste trappole, questi artifici, tutta queste strategie essenziali per la guerra, non volete che la usiamo contro i nemici interni, contro i faziosi? Senza dubbio vi si porrà meno rigore, ma, fondamentalmente, le regole saranno le stesse. È possibile guidare con la pura ragione masse violente che si muovono solo in base a sentimenti, passioni e pregiudizi?

Sia che la direzione degli affari sia affidata a un despota, a un'oligarchia o al popolo stesso, nessuna guerra, nessun negoziato, nessuna riforma interna potrà avere successo senza l'aiuto di queste combinazioni che voi sembrate rifiutare, ma che sareste stati costretti a ricorrere se il re di Francia vi avesse incaricato il minimo affare di Stato.

Rimproveri puerili quelli che sono stati mosse al *Principe*! La politica ha forse qualcosa da spartire con la morale? Avete mai visto un solo Stato comportarsi secondo i princìpi che regolano la morale privata? Ogni guerra sarebbe un crimine, anche se avesse una giusta causa. Ogni conquista, che non avesse altro movente che la gloria, sarebbe un crimine. Ogni trattato nel quale una potenza facesse pendere la bilancia a suo favore sarebbe un inganno indegno. Ogni usurpazione del potere sovrano sarebbe un atto meritevole di morte. Nulla sarebbe legittimo se non ciò che è fondato sul diritto! Ma, come vi ho detto prima, e lo sostengo anche di fronte alla storia contemporanea, tutti i poteri sovrani hanno avuto come origine la forza cioè la negazione del diritto. Questo significa che ne nego il diritto? No, ma ritengo che sia un'applicazione estremamente limitata; sia nei rapporti tra gli Stati, sia nei rapporti tra chi governa e chi è governato.

Inoltre, non vi accorgete che la stessa parola "diritto" è infinitamente vaga? Dove inizia e dove finisce? Quando esiste e quando non esisterà più? Vi faccio alcuni esempi. Prendi uno Stato che sta per cadere in rovina per la cattiva organizzazione dei poteri pubblici, la democrazia in bilico, l'impotenza delle leggi contro i faziosi e il disordine che regna dappertutto. Ad un certo punto appare un uomo audace che sale dai ranghi dell'aristocrazia o dal seno del popolo, rompe tutti i poteri costituiti, mette mano alle leggi, rimescola tutte le istituzioni e regala vent'anni di pace al suo Paese. Aveva il diritto di fare ciò che ha fatto?

Pisistrato s'impadronì della cittadella con un colpo di mano aprendo la strada al secolo di Pericle. Bruto violò la costituzione monarchica di Roma, cacciò i Tarquini e fondò con un pugnale una repubblica la cui grandezza è lo spettacolo più imponente che l'universo abbia mai visto. Ma lo scontro tra patriziato e plebe, che per tanto tempo aveva tenuto a freno la vitalità della repubblica, portò alla sua dissoluzione e di questa poi la sua fine. Gli successero Cesare e Augusto: anch'essi usurpatori, ma l'impero che successe alla repubblica, grazie a loro, durò così a lungo e soccombette solo coprendo il mondo intero con le proprie macerie. Ebbene, il diritto era dalla parte di questi uomini audaci? Secondo voi, no. Eppure i posteri li hanno riempiti di gloria. In realtà, hanno servito e salvato il loro Paese e ne hanno prolungato l'esistenza nei secoli. Vedete bene che, negli Stati, il principio del diritto è dominato da quello dell'interesse, e ciò che emerge da queste considerazioni è che il bene può nascere dal male e che il male può nascere attraverso il bene, proprio come il veleno viene usato per curare, così come si salva la vita con il filo della lama. Mi sono curato meno di ciò che è buono e morale e più di ciò che è utile e necessario; ho preso le società così come sono e conseguentemente ho tratto delle regole.

Astrattamente parlando, la violenza e l'astuzia sono un male? Sì. Dovranno perciò essere usate per governare gli uomini affinché gli uomini non saranno angeli. Ogni cosa è buona o cattiva, a seconda dell'uso che se ne fa e del frutto che se ne ricava. Il fine giustifica i mezzi e se ora mi chiedete perché io, repubblicano, do ovunque la preferenza al governo assoluto, vi dirò che, avendo assistito in patria alla volubilità e alla viltà del popolo, al suo gusto innato per la servitù, alla sua incapacità di concepire e rispettare le condizioni della vita libera, a mio avviso, si tratta di una forza cieca che prima o poi si dissolverà se non sarà nelle mani di un solo uomo. Vi rispondo che il popolo, lasciato a se stesso, non farà altro che distruggere, che non saprà mai amministrare, giudicare o fare la guerra. Vi dirò che la Grecia ha brillato solo nelle eclissi della libertà; che senza il dispotismo dell'aristocrazia romana e, più tardi, senza il dispotismo degli imperatori, la grande civiltà europea non si sarebbe mai sviluppata.

Devo cercare i miei esempi negli Stati moderni? Sono così eclatanti e così numerosi che prenderò i primi che capitano.

Sotto quali istituzioni e uomini sono fiorite le repubbliche italiane? Sotto quali sovrani Spagna, Francia e Germania hanno costruito la loro potenza? Sotto Leone X, Giulio II, Filippo II, Barbarossa, Luigi XIV, Napoleone, tutti uomini dalla mano terribile, più spesso appoggiati sull'elsa delle loro spade che sulla carta dei loro Stati.

Ma mi stupisco di aver parlato così a lungo per convincere l'illustre scrittore che mi sta ascoltando. Alcune di queste idee, se non vado errato, non si trovano forse nell'*Esprit des lois*? Questo discorso, offende forse l'uomo grave e compassato che meditò, senza passioni di sorta, sui problemi della politica? Gli Enciclopedisti non erano dei Catoni[5]: l'autore delle *Lettere persiane* non era un santo, e nemmeno un fervente devoto. La nostra scuola, che si dice immorale, era forse più attaccata al vero Dio dei filosofi del settecento.

Montesquieu - Le vostre ultime parole mi lasciano imperturbabile, Machiavelli, e vi ho ascoltato con attenzione. Volete ascoltarmi e mi permetterete di usarle contro di voi con la stessa libertà?

Machiavelli - Mi considero muto, e ascolto in rispettoso silenzio colui che è stato chiamato il legislatore delle nazioni.

---

[5] Catone: termine con il quale si indica un critico o censore intransigente; talvolta in senso ironico o spregiativo.

Dialogo Secondo

Montesquieu - Le vostre dottrine non mi sono nuove e se io le rifiuto, non è tanto perché disturbano la mia ragione, quanto perché non hanno alcuna base filosofica. Mi rendo conto che voi siete prima di tutto un politico e che i fatti vi interessano più delle idee. Ma converrà che, quando si tratta di governare, bisogna arrivare a qualche principio. Nella vostra politica, voi non lasciate spazio alla morale, alla religione o al diritto. Ha solo due parole in bocca: forza e astuzia. Se il vostro sistema si riduce a dire che la forza gioca un ruolo importante negli affari umani, che l'astuzia è una qualità necessaria per un uomo di Stato, capite che questa è una verità che non ha bisogno di dimostrazione. Ma se voi stabilite la violenza come principio, l'astuzia come massima di governo, se nei vostri calcoli non tenete conto di nessuna delle leggi dell'umanità, allora il codice della tirannia non è altro che il codice della brutalità, perché anche gli animali sono abili e forti, e di fatto tra loro non c'è altro diritto che quello della forza bruta. Ma non credo che il vostro fatalismo arrivi a tanto, perché riconoscete l'esistenza del bene e del male.

Il vostro principio è che dal male può nascere il bene e che è lecito fare il male quando può portare al bene. Quindi non dite: "è bene in sé tradire la parola data ed è bene usare la corruzione, la violenza e l'omicidio", ma dite: "possiamo tradire quando è utile, uccidere quando è necessario, prendere i beni degli altri quando è vantaggioso". Mi affretto ad aggiungere che, nel vostro sistema, queste massime si applicano solo ai principi e solo quando sono in gioco i loro interessi o quelli dello Stato. Di conseguenza, il principe ha il diritto di violare i suoi giuramenti, può versare sangue a fiotti per impadronirsi del potere o per mantenerlo, può privare coloro che ha proscritto, rovesciare tutte le leggi, farne di nuove e violarle di nuovo, dilapidare le finanze, corrompere, reprimere, punire e colpire incessantemente.

Machiavelli - Ma non eravate voi stessi a dire che, negli Stati dispotici, la paura era necessaria, la virtù inutile, l'onore pericoloso? Che l'obbedienza cieca era necessaria e che il principe era perduto se smetteva per un attimo di abbassare la guardia?

Montesquieu - Sì, l'ho detto. Ma quando ho notato, come avete fatto voi, le terribili condizioni in cui si mantiene il potere tirannico, è stato per denigrarlo e non per esaltarlo. È stato per incutere orrore alla mia patria che, fortunatamente, non ha mai chinato la testa sotto un simile giogo. Come fate a non accorgervi che la forza altro non è che un accidente nel cammino delle società e che i poteri più arbitrari sono obbligati a ricercare la loro legittimità in ambiti estranei alle teorie della forza? Gli oppressori agiscono non solo in nome dell'interesse, ma anche in nome del dovere. Lo violano, ma lo invocano; la dottrina dell'interesse, così come i mezzi che essa impiega, è dunque impotente.

Machiavelli - Fermatevi. Voi riconoscete all'interesse un qualche ruolo: questo è sufficiente per giustificare tutte le necessità politiche che non si accordino col diritto.

Montesquieu - È alla ragion di Stato alla quale voi vi riferite. Notate dunque che non posso dare come fondamento alle società proprio ciò che le distrugge. In nome dell'interesse, i principi e i sudditi, come i cittadini, non faranno altro che commettere crimini. L'interesse dello Stato, direte voi! Ma come faccio a sapere se è davvero vantaggioso commettere questa o quella ingiustizia? Non sappiamo forse che l'interesse dello Stato è il più delle volte l'interesse privato del principe o quello dei favoriti corrotti che lo circondano? Viceversa, ponendo il diritto quale base delle società, non mi espongo ad un simile rischio, poiché la nozione di diritto fissa limiti che nemmeno l'interesse può oltrepassare.

Se mi domandate qual è il fondamento del diritto, vi dirò che è la morale i cui precetti non sono affatto dubbi o oscuri perché sono scritti in tutte le religioni e sono impressi a caratteri di fuoco nella coscienza dell'uomo. È da questa fonte pura che devono scaturire tutte le leggi civili, politiche, economiche e internazionali.

Ex eodem jure, sive ex eodem fonte, sive ex eodem principio.

Ma è qui che esplodono le vostre contraddizioni: siete cattolici, siete cristiani e adoriamo lo stesso Dio. Accettate i Suoi comandamenti, ammettete la Sua la morale, accettate la Sua legge nei rapporti tra gli uomini e tuttavia calpestate tutte queste regole quando si tratta dello Stato o del principe. In una parola, la politica non ha nulla a che fare, secondo voi, con la morale. Permettete al monarca ciò che vietate al suddito. A seconda che le stesse azioni siano compiute da un debole o da un forte, le glorificate o le biasimate; sono crimini o virtù a seconda del rango di chi le compie. Lodate il principe che agisce in quel modo e mandate il suddito in galera. Non vi rendete conto che con massime come queste non c'è società che possa vivere? Pensate che il suddito manterrà a lungo i suoi giuramenti quando vedrà il sovrano tradirli? Che rispetterà le leggi quando saprà che chi gliele ha date le ha violate e che le viola ogni giorno? Pensate che esiterà a ricorrere alla violenza, alla corruzione e alla frode, quando vedrà coloro che hanno la responsabilità di guidarlo percorrerla costantemente? Vi ingannate. Dovreste sapere che ogni usurpazione da parte del principe nella sfera pubblica autorizza un'analoga infrazione nella sfera privata del suddito. Che ogni perfidia politica genera una perfidia sociale e che ogni violenza al vertice legittima una violenza alla base. Questo è ciò che riguarda i rapporti tra i cittadini.

Per quanto riguarda i rapporti tra cittadini e governanti, non c'è bisogno che vi dica che proprio qui giace il germe della guerra civile. Il silenzio del popolo non è che la tregua dei vinti, il lamento del quale è considerato un crimine. Aspettate che si risvegli: voi avete inventato la teoria della forza, potete star certi che l'hanno imparata. Il primo giorno, egli spezzerà le sue catene; le spezzerà con il pretesto forse più futile e si riprenderà con la forza ciò che gli era stato tolto.

La massima del dispotismo è la *perinde ac cadaver* dei Gesuiti; uccidere o essere uccisi. Questa è la sua legge. Oggi è l'abbrutimento e domani la guerra civile. Questo, almeno, è il modo in cui vanno le cose in Europa. In Oriente, invece, i popoli giacciono nell'avvilimento e nella schiavitù.

I principi non possono quindi permettersi ciò che la morale privata non permette: ecco la mia conclusione formale. Pensavate di mettermi in imbarazzo portando l'esempio di molti grandi uomini che, con audaci atti compiuti in violazione della legge, hanno portato la pace nel loro Paese, e talvolta la gloria; ed è da qui che traete la vostra grande argomentazione: il bene scaturisce dal male. Non mi è stato dimostrato che questi uomini audaci abbiano fatto più bene che male; non mi è stato dimostrato che le società non si sarebbero salvate né conservate. I mezzi di salvezza che portano non compensano i germi di dissoluzione che essi hanno introdotto negli Stati. Qualche anno di anarchia è spesso meno funesto di diversi anni di dispotismo silenzioso.

Voi ammirate i grandi uomini; io, al contrario, ammiro le grandi istituzioni. Credo che, per essere felici, i popoli abbiano meno bisogno di uomini di genio che di uomini integerrimi. Le concederò, se lo desidera, che alcune delle imprese violente di cui parla possono essere andate a vantaggio di alcuni Stati. Questi atti potevano essere giustificati in società antiche dove regnavano la schiavitù e il dogma della fatalità, come accadde ancora nel Medioevo e anche nell'era moderna. Ma via via che i costumi si sono civilizzati, con la diffusione dell'illuminismo tra i vari popoli d'Europa e, soprattutto, con la conoscenza dei principi della scienza politica, il diritto è stato sostituito alla forza tanto nelle idee come nei fatti. Senza dubbio, le eclissi della libertà esisteranno sempre e molti crimini saranno ancora commessi in suo nome, ma il fatalismo politico non esiste più. Se ai vostri tempi potevate dire che il dispotismo era un male necessario, oggi non potreste farlo, perché nello stato attuale della morale e delle istituzioni politiche dei principali popoli europei, lo rendono impossibile.

Machiavelli - Impossibile?... Se riuscite a provarmelo, accetto di avvicinarmi un passo verso le vostre idee.

Montesquieu - Ve lo dimostrerò molto facilmente, se mi seguirete ancora.

Machiavelli - Molto volentieri, ma state attento, credo che dovrete impegnarvi molto.

Dialogo Terzo

Montesquieu - Ombre si dirigono verso la spiaggia. Questo luogo sarà presto preso d'assalto. Venite da questa parte, altrimenti presto ci perderemo di vista.

Machiavelli - Non ho trovato nelle vostre ultime parole la precisione che caratterizzava il vostro linguaggio all'inizio del nostro colloquio. Trovo che abbiate esagerato le conseguenze dei principi contenuti nell'*Esprit des lois*.

Montesquieu - Ho evitato appositamente, in quest'opera, lunghe teorizzazioni. Se voi aveste potuto leggerla e non soltanto sentito parlare, capireste che i particolari sviluppi che ho appena presentato discendono senza forzature dai princìpi che lì avevo posto. Inoltre non faccio fatica a riconoscere che la conoscenza che ho acquisito dei tempi recenti non ha assolutamente modificato né completato le mie idee.

Machiavelli - Intendete seriamente sostenere che il dispotismo è incompatibile con la situazione politica dei popoli europei?

Montesquieu - Non mi riferivo a tutti i Paesi, ma vi citerò, se volete, quelli in cui lo sviluppo della scienza politica ha portato a questo grande risultato.

Machiavelli - Quali sono?

Montesquieu - L'Inghilterra, la Francia, il Belgio, una parte dell'Italia, la Prussia, la Svizzera, la Confederazione germanica, l'Olanda, la stessa Austria, insomma, come vedete, quasi tutta l'Europa su cui un tempo si estendeva un po' di romanità.

Machiavelli - Conosco un po' la storia dell'Europa dal 1527 a oggi e confesso che sono molto curioso di sentirvi giustificare la vostra proposta.

Montesquieu - Ebbene, ascoltatemi e forse riuscirò a convincervi. Non sono gli uomini, sono le istituzioni che assicurano il regno della libertà e dei buoni costumi negli Stati. Dalla perfezione o dall'imperfezione delle istituzioni, dipende tutto il bene e il male che può derivare agli uomini dal loro riunirsi in società. Quando parlo delle migliori istituzioni, capirete che, con le belle parole di Solone, intendo le istituzioni più perfette che gli uomini possano sopportare. Non concepisco cioè per loro condizioni impossibili e mi distinguo quindi da quei deplorevoli riformatori che pretendono di costruire le società sulla base di pure ipotesi razionali, senza tener conto del clima, delle abitudini, dei costumi e perfino dei pregiudizi.

All'origine delle nazioni, le istituzioni sono quel che sono. L'antichità ci ha mostrato civiltà meravigliose, Stati nei quali esistevano mirabili condizioni di libertà. I popoli dell'era cristiana hanno avuto più difficoltà ad armonizzare le loro costituzioni con le condizioni del sistema politico; ma hanno beneficiato degli insegnamenti dell'antichità e, con civiltà infinitamente più complesse, hanno comunque raggiunto risultati migliori.

Una delle cause principali dell'anarchia, come del dispotismo, è stata l'ignoranza teorica e pratica dei princìpi che regolano l'organizzazione dei poteri. Come si potevano affermare i diritti della nazione quando il principio della sovranità risiedeva unicamente nella persona del principe? Come avrebbe potuto, il suo potere, non essere tirannico, allorché colui che era incaricato di far eseguire le leggi era allo stesso tempo legislatore? Come avrebbero potuto i cittadini essere garantiti dall'arbitrio, allorché, essendo il potere legislativo e quello esecutivo confusi, anche il potere giudiziario risiedeva nelle stesse identiche mani?

So bene che alcuni pubblici diritti che, presto o tardi, vennero introdotti nei sistemi meno avanzati costituirono un ostacolo all'esercizio illimitato della sovranità assoluta, che, d'altra parte, il timore della rabbia popolare e lo spirito di benignità di certi re li condussero a usare con moderazione gli eccessivi poteri di cui erano investiti. Tali garanzie, però, così precarie, erano tuttavia alla mercé del monarca che per principio possedeva i beni, i diritti e la persona dei sudditi. La divisione dei poteri ha creato in Europa le società libere e, se qualcosa può rendere meno forte in me il potere del giudizio finale, questo è il pensare che il mio passaggio sulla terra non è stato estraneo a tale emancipazione.

Machiavelli, voi siete nato alla fine del medioevo e avete visto, con la rinascenza delle arti, l'alba dei tempi moderni. La società in cui avete vissuto era, lasciatemelo dire, ancora tutta imbevuta di metodi barbari. L'Europa era il teatro di un grande torneo. Le idee di guerra, di dominio e di conquista, dominavano la mente degli uomini di Stato e dei principi. La forza era tutto allora, il diritto ben poco, i regni erano la preda dei concorrenti, all'interno degli Stati i sovrani lottavano contro i vassalli che opprimevano le città.

Nell'anarchia feudale che costringeva alle armi l'intera Europa, i popoli sottomessi si erano abituati a guardare ai principi e ai grandi come a fatali divinità alle quali il genere umano era stato sacrificato. Voi siete nato in questo tempo carico di tensioni ma anche di splendori. Avete visto capitani intrepidi, uomini d'armi, geni audaci. Questo mondo, ricolmo nel suo disordine d'oscure bellezze, vi è apparso come poteva apparire ad un artista colpito più nell'immaginazione che nel senso morale. È questo che spiega il *Principe*. Non eravate molto lontano dalla verità come avete voluto far credere poco fa, quando, con dissimulazione tutta italiana, avete cercato di sondare le mie reazioni e di attribuirle al capriccio di un diplomatico. Ma, dopo di voi, il mondo è andato avanti. I popoli oggi si considerano arbitri dei loro destini; essi hanno, di fatto e di diritto, abolito i privilegi e distrutto l'aristocrazia. Hanno stabilito un principio che per voi sarebbe nuovo poiché proviene dal marchese Hugo: il principio dell'uguaglianza. Essi vedono in coloro che li governano, soltanto dei rappresentanti e hanno realizzato il principio dell'uguaglianza tramite leggi civili che nulla potrà loro strappare. Tengono a queste leggi come al loro sangue dato che molto sangue è stato versato, per loro, dai loro avi.

Vi parlavo delle guerre: continuano ad imperversare, lo so. Ma il primo progresso sta nel fatto che esse, oggi, non conferiscono più ai vincitori la proprietà degli Stati vinti. Un diritto che voi avete conosciuto appena, il diritto internazionale, regola oggi i rapporti tra le nazioni, così come il diritto civile regola quelli tra i sudditi di una stessa nazione.

Dopo aver assicurato i propri diritti privati con leggi civili e i propri diritti pubblici con trattati, i popoli hanno voluto darsi una regola con i loro principi e hanno assicurato i propri diritti politici con costituzioni. In balìa, per lungo tempo, della confusione dei poteri che permetteva ai principi di fare leggi tiranniche per applicarle tirannicamente, essi hanno separato i tre poteri, legislativo, esecutivo e giudiziario, tramite limiti costituzionali che non possono essere oltrepassati senza che venga dato l'allarme a tutto il corpo politico.

Con questa sola riforma, che è un fatto immenso, è stato creato il diritto pubblico interno e sono stati posti i supremi principi che lo informano. La persona del principe cessa di essere confusa con quella dello Stato. La sovranità sembra in parte trarre origine dal seno stesso della nazione che distribuisce i poteri tra il principe e i corpi politici reciprocamente indipendenti. Non voglio in alcun modo sviluppare, di fronte all'illustre uomo di Stato che mi sta ascoltando, la teoria di quel regime che, in Inghilterra e in Francia, si chiama regime costituzionale; esso è oggi entrato nel costume dei principali Stati europei non soltanto perché è espressione della più elevata scienza politica, ma soprattutto perchè è l'unica pratica di governo compatibile con gli ideali della civiltà moderna.

In ogni tempo, laddove regnava la libertà così come la tirannia, è stato possibile governare tramite leggi. È quindi sul modo in cui le leggi sono state fatte che si fondano tutte le garanzie dei cittadini. Se è il principe ad essere unico legislatore, egli non può emanare che leggi tiranniche, ed è già molto se, con esse, non arriverà in pochi anni a stravolgere la costituzione dello Stato. In ogni caso, si tratta di pieno assolutismo.

Se è un senato, significa che si è costituita un'oligarchia, regime odioso al popolo perché produce tanti tiranni quanti sono i capi. Se è il popolo, si va verso l'anarchia, che è un ulteriore modo per approdare al dispotismo. Se è un'assemblea eletta dal popolo, la prima parte del problema è già risolta, poiché qui risiede il fondamento stesso del sistema rappresentativo attualmente in vigore in tutta l'Europa meridionale.

Ma un'assemblea di rappresentanti del popolo, la quale possedesse da sola tutta la sovranità legislativa, non tarderebbe ad abusare del proprio potere e a far correre allo Stato i più gravi pericoli. Il regime che si è definitivamente costituito, felice transazione tra l'aristocrazia, la democrazia e la monarchia, partecipa contemporaneamente di queste tre forme di governo, per mezzo di un bilanciamento di poteri che sembra il capolavoro dello spirito umano. La persona del sovrano resta sacra e inviolabile; ma, pur conservando funzioni capitali che per il bene dello Stato devono essere in suo potere, il suo ruolo essenziale è ormai soltanto quello di garante dell'esecuzione delle leggi. Non detenendo più la pienezza dei poteri, la sua responsabilità svanisce e passa ai ministri che egli associa al suo governo. La legge, che egli propone da solo o con il concorso di altri corpi dello Stato, è preparata da un consiglio composto da uomini di grande esperienza amministrativa, sottoposta al vaglio di un'altra camera composta di membri ereditari o a vita, la quale valuta se le sue disposizioni non sono contrarie alla costituzione, è votata da un corpo legislativo creato dal suffragio popolare, è applicata infine da una magistratura indipendente. Se la legge è viziata, viene respinta o emendata dal corpo legislativo, l'alta camera si oppone alla sua adozione se essa è contraria ai principi su cui riposa la costituzione.

Il trionfo di questo sistema così perfettamente concepito e i cui meccanismi possono combinarsi in mille modi a seconda del temperamento dei popoli ai quali viene applicato, è quello di aver conciliato l'ordine con la libertà, la stabilità con il progresso, di aver consentito la partecipazione di tutti i cittadini alla vita politica evitando le manifestazioni della piazza. È il Paese che si autogoverna, tramite l'alternanza delle maggioranze che nelle camere influiscono sulla nomina dei ministri.

I rapporti tra il sovrano e i sudditi posano, come vedete, su un vasto sistema di garanzie che affondano le loro inestirpabili radici nell'ordine civile. Nessun atto amministrativo può ledere la persona né i suoi beni. La libertà individuale è posta sotto la protezione dei magistrati. In materia penale, gli imputati sono giudicati da loro pari, al di sopra di tutte le giurisdizioni esiste una corte suprema incaricata di annullare le sentenze emanate in violazione delle leggi. Gli stessi cittadini, per la difesa dei loro diritti, vengono armati tramite l'istituzione di milizie cittadine che concorrono alla sicurezza delle città; il più umile cittadino può, attraverso petizioni, far arrivare le proprie lamentele fino alle assemblee sovrane che rappresentano la nazione. Le municipalità sono amministrate da pubblici ufficiali eletti. Ogni anno grandi assemblee provinciali, anch'esse elette a suffragio popolare, si riuniscono per esprimere i bisogni e i desideri delle popolazioni che esse rappresentano.

Questa è un'immagine perfino troppo sfocata di alcune delle istituzioni che fioriscono oggi negli Stati, in particolare nella mia bella patria, o Machiavelli; ma siccome la pubblicità è l'essenza dei Paesi liberi, tutte queste istituzioni non potrebbero durare a lungo se non funzionassero alla luce del sole. Un potere ancora sconosciuto ai tuoi tempi e appena nato ai miei, è giunto a dar loro l'ultima spinta. È la stampa. A lungo vietata e a lungo poi screditata dall'ignoranza, ma alla quale si potrebbero applicare le belle parole di Adam Smith sul credito: è una via pubblica. È per questa via infatti che avviene la circolazione delle idee nelle popolazioni contemporanee. La stampa esercita nello Stato una funzione di sicurezza pubblica: esprime i bisogni, si fa interprete delle proteste, denuncia gli abusi e gli arbitri, costringe alla moralità tutti i detentori del potere. Le è sufficiente porli di fronte all'opinione pubblica.

In siffatte società, quale ruolo potreste attribuire, o Machiavelli, all'ambizione dei principi e alle iniziative della tirannide? Non ignoro i dolorosi sconvolgimenti attraverso i quali questi progressi hanno trionfato. In Francia, la libertà annegata nel sangue durante il periodo rivoluzionario non si è risollevata che con la Restaurazione. Là, nuove scosse si preparavano ancora; ma tutti i principi e le istituzioni di cui vi ho parlato erano entrati nel costume della Francia e delle popolazioni civili. Ho finito Machiavelli. Gli Stati, come i sovrani, oggi si reggono soltanto nelle norme della giustizia. Il ministro di oggi che si ispirasse ai vostri principi non resterebbe in carica neppure un anno. Il sovrano che mettesse in pratica tutte le massime del *Principe* si attirerebbe la condanna dei sudditi e sarebbe bandito dall'Europa.

Machiavelli - Voi lo pensate?

Montesquieu - Perdonerete la mia franchezza?

Machiavelli - Perché no?

Montesquieu - Devo pensare che le vostre idee siano un po' cambiate?

Machiavelli - Mi propongo di demolire sistematicamente tutte le belle cose che avete detto e di dimostrarvi che, anche oggi, sono soltanto le mie dottrine a vincere, malgrado le nuove idee, malgrado i nuovi costumi, malgrado i vostri pretesi princìpi di diritto pubblico, malgrado tutte le istituzioni di cui mi avete parlato. Ma permettetemi prima di farvi una domanda: a che punto siete rimasti della storia contemporanea?

Montesquieu - La conoscenza che ho acquisito dei vari Stati d'Europa risale agli ultimi giorni del 1847. I rischi del mio vagare per questi spazi infiniti e la moltitudine confusa di anime che li riempiono, non mi hanno fatto incontrare nessuno che potesse informarmi oltre il periodo che vi ho appena raccontato. Da quando sono sceso nella dimora delle tenebre, ho trascorso circa mezzo secolo tra i popoli del mondo antico, e solo nell'ultimo quarto di secolo ho incontrato le legioni dei popoli moderni; e bisogna dire che la maggior parte di loro è arrivata dagli angoli più remoti dell'universo. Non so nemmeno esattamente in quale anno del mondo ci troviamo.

Machiavelli - Qui, dunque, gli ultimi sono i primi, o Montesquieu! Lo statista del Medioevo, il politico dei tempi barbari, si dà il caso che conosca la storia dei tempi moderni più del filosofo del XVIII secolo. Il mondo è nell'anno del Signore 1864.

Montesquieu - Fatemi sapere, Machiavelli, cosa è successo in Europa dal 1847 in poi.

Machiavelli - Non prima di essermi tolto la soddisfazione di smontare le vostre teorie.

Montesquieu - Come volete; ma vi prego di credere che non ho alcuna preoccupazione al riguardo. Ci vogliono secoli per cambiare i princìpi e la forma di governo sotto cui la gente si è abituata a vivere. Nessun nuovo insegnamento politico può derivare dai quindici anni appena trascorsi; e, in ogni caso, se così fosse, non sarebbero mai state le dottrine di Machiavelli a trionfare.

Machiavelli - Voi lo pensate: ascoltatemi a vostra volta.

Dialogo Quarto

Machiavelli - Ascoltando le vostre teorie sulla divisione dei poteri e sui benefici che i popoli europei devono ad essa, non ho potuto fare a meno di ammirare, Montesquieu, fino a che punto l'illusione dei sistemi può impadronirsi delle menti più grandi. Sedotto dalle istituzioni inglesi, pensavate di poter fare del regime costituzionale la panacea universale per gli Stati, ma contavate sul movimento irresistibile che oggi strappa le società alle loro vecchie tradizioni. Non passeranno due secoli prima che questa forma di governo, che voi ammirate, non sia più in Europa che un ricordo storico, qualcosa di superato e obsoleto come la regola delle tre unità di Aristotele.

Permettetemi innanzitutto di esaminare il vostro meccanismo politico in sé: equilibrate i tre poteri, e confinate ciascuno di essi nel proprio dipartimento; questo farà le leggi, quest'altro le applicherà, un terzo le eseguirà: il principe regnerà, i ministri governeranno. Che cosa meravigliosa è questo cambiamento costituzionale! Il trionfo di un tale sistema non sarebbe l'azione; sarebbe l'immobilità, se il meccanismo funzionasse con precisione; ma, in realtà, le cose non andranno così. Alla prima occasione, il movimento avverrà con la rottura di una delle molle che avete forgiato con tanta cura. Credete che i poteri rimarranno a lungo entro i limiti costituzionali che avete assegnato loro e che non riusciranno a superarli? Quale assemblea legislativa indipendente non aspirerà alla sovranità? Quale magistratura non si piegherà al capriccio delle opinioni? Quale principe, soprattutto, sovrano di un regno o capo di una repubblica, non accetterà senza riserve il ruolo passivo a cui lo avete condannato; chi, nel segreto della sua mente, non mediterà di rovesciare i poteri rivali che impediscono la sua azione? In realtà, avrete messo tutte le forze opposte l'una contro l'altra, spronato ogni impresa, dato armi a ogni partito. Avrete consegnato il potere all'assalto di tutte le ambizioni e trasformato lo Stato in un'arena in cui si scateneranno le fazioni. In breve tempo, ci sarà disordine ovunque; retori inesauribili trasformeranno le assemblee deliberative in giostre oratorie; giornalisti audaci e pamphlet sfrenati attaccheranno ogni giorno la persona del sovrano, screditando il governo, i ministri e gli uomini in carica...

Montesquieu - Conosco da tempo queste critiche ai governi liberi. Non hanno alcun valore ai miei occhi: eventuali abusi non possono essere causa di una condanna totale delle istituzioni. Conosco molti Stati che vivono in pace e a lungo sotto queste leggi: compatisco coloro che non possono viverci.

Machiavelli - Aspettate. Nei vostri calcoli avete contato solo una minoranza. Esiste un'enorme massa di persone inchiodata al lavoro dalla povertà come lo era al tempo della schiavitù. Cosa volete che importino tutte le funzioni parlamentari alla loro felicità? Il vostro grande movimento politico, in definitiva, non ha portato che al trionfo di una minoranza privilegiata dal caso come l'antica nobiltà lo era dalla nascita. Che volete che importi al proletario piegato dalla fatica, oppresso dal peso del suo destino, che qualche oratore abbia il diritto di parlare, che qualche giornalista abbia il diritto di scrivere? Avete creato diritti che resteranno sempre, per il popolo, a livello di mera potenzialità, dal momento che esso non sa che farsene. Questi diritti, di cui la legge gli riconosce teoricamente il godimento e di cui la necessità gli impedisce tale esercizio, non sono per lui che un'amara ironia della sorte. Vi dico che un giorno egli inizierà ad odiarli e li distruggerà per abbracciare il dispotismo.

Montesquieu - Che disprezzo ha Machiavelli per l'umanità, e che idea ha della bassezza dei popoli moderni! Dio onnipotente, non voglio credere che voi li abbiate creati così vili. Machiavelli, checché se ne dica, ignorate i princìpi e le condizioni di esistenza della civiltà attuale. Il lavoro oggi è la legge comune, come la legge divina, e, lungi dall'essere un segno di servitù tra gli uomini, è il vincolo della loro associazione, lo strumento della loro uguaglianza. Non c'è nulla di illusorio nei diritti politici del popolo in Stati nei quali la legge non riconosce privilegi e nei quali tutte le carriere sono aperte a ciascun individuo. Senza dubbio alcuno e in nessuna società potrebbe essere altrimenti. La disuguaglianza di intelligenza e di ricchezza comporta per gli individui inevitabili disuguaglianze nell'esercizio dei loro diritti. Ma non è forse sufficiente che questi diritti esistano perché il desiderio di una filosofia illuminata sia realizzato, perché l'emancipazione degli uomini sia assicurata nella misura in cui può esserlo? Per quelle stesse persone nate per caso nelle circostanze più umili, non è forse nulla vivere con il senso della propria indipendenza e della propria dignità di cittadini? Ma questo è solo un aspetto della questione, perché se la grandezza morale dei popoli è legata alla libertà, essi non sono meno strettamente legati ad essa dai loro interessi materiali.

Machiavelli - È qui che vi aspettavo. La scuola a cui appartenete ha stabilito dei princìpi di cui non sembra vedere le conseguenze finali. Voi credete che portino al regno della ragione; io vi mostrerò che riportano al regno della forza. Il vostro sistema politico, nella sua purezza originaria, consiste nel dare una parte più o meno uguale di azione ai vari gruppi di forze che compongono la società, nel far collaborare le attività sociali in una giusta proporzione; non volete che l'elemento aristocratico prevalga su quello democratico. Tuttavia, la caratteristica delle vostre istituzioni è quella di dare più forza all'aristocrazia che al popolo, più forza al principe che all'aristocrazia, proporzionando così i poteri alla capacità politica di coloro che devono esercitarli.

Montesquieu - Avete ragione.

Machiavelli - Fate partecipare alle funzioni pubbliche le diverse classi sociali secondo il grado della loro attitudine e della loro capacità. Emancipate la borghesia con il voto, frenate il popolo con il censo. Le libertà popolari creano il potere dell'opinione, l'aristocrazia dà il prestigio delle grandi maniere, il trono diffonde sulla nazione il bagliore del rango supremo e conservate tutte le tradizioni, tutte le grandi memorie, il culto di tutte le grandi cose. In superficie si vede una società monarchica, ma in profondità tutto è democratico, perché in realtà non ci sono barriere tra le classi e il lavoro è lo strumento di tutte le fortune. Non è così?

Montesquieu - Sì, Machiavelli. Vedo che almeno comprendete le opinioni che non condividete.

Machiavelli - Ebbene, tutte queste belle cose sono finite o passeranno come un sogno; perché voi avete un nuovo principio con cui tutte le istituzioni si disintegrano con impressionante rapidità.

Montesquieu - Qual è questo principio?

Machiavelli - È quello della sovranità popolare. Non dubitate, si troverà la quadratura del cerchio, prima di poter conciliare l'equilibrio dei poteri con l'esistenza di un simile principio presso le nazioni dove questo è ammesso. Il popolo si impadronirà inevitabilmente, prima o poi, di tutti i poteri dei quali in lui si riconosceva il principio. Sarà per conservarli? No. Dopo qualche giorno di follia, esso li getterà per inettitudine nelle mani del primo soldato di ventura che passerà dinanzi a lui. Nel 1793 avete potuto constatare come i tagliateste francesi trattarono la monarchia rappresentativa. Il popolo sovrano si è affermato tramite il supplizio del proprio re, poi ha fatto strame di tutti i propri diritti, si è dato a Robespierre, a Barras e infine a Bonaparte.

Voi siete un grande pensatore, ma non conoscete l'instancabile codardia dei popoli. Non faccio riferimento a quelli dei miei tempi, ma di quelli del vostro. Servili di fronte alla forza, spietati di fronte alla debolezza, implacabili davanti agli errori, indulgenti davanti ai crimini, incapaci di sopportare le difficoltà di un regime libero e pazienti fino al martirio di fronte a tutte le violenze di un audace dispotismo, pronti a distruggere un trono in un attimo di collera e a donarsi a capi ai quali essi perdonano delitti per il più lieve dei quali avrebbero decapitato venti re costituzionali.

Cercate dunque la giustizia. Cercate il diritto, la stabilità, l'ordine e il rispetto delle forme così complicate del vostro meccanismo parlamentare di fronte a masse violente, indisciplinate, incolte, alle quali avete detto: siate voi i capi, gli arbitri e abbiate il diritto dello Stato!

Oh, so bene che il prudente Montesquieu, il politico circospetto che stabiliva i princìpi e teneva in serbo le conseguenze, non ha contemplato nello *Spirito delle leggi* il dogma della sovranità popolare. Ma proprio come voi stesso dicevate, le conseguenze discendono automaticamente dai princìpi che avete posto. Le affinità delle vostre dottrine con quelle del *Contrat social* sono così evidenti. Così, dal giorno in cui i rivoluzionari francesi, giurando *in verba magistri*, hanno scritto: "Una costituzione non può che essere la libera opera di una convenzione tra associati", il governo monarchico e parlamentare è stato condannato a morte dalla vostra patria. Invano poi si è cercato di restaurarne i princìpi, invano il vostro re Luigi XVIII, rientrando in Francia ha tentato di far risalire i poteri alle loro fonti, dichiarando la costituzione dell'89 come derivante da concessione regia. Questa pietosa finzione della monarchia aristocratica era in una contraddizione troppo evidente con il passato. Essa doveva dissolversi alle prime avvisaglie della rivoluzione del 1830, come a sua volta quel governo.

Montesquieu - Andate avanti.

Machiavelli - Non abbiate fretta. Ciò che voi sapete, come me d'altronde, del passato, mi autorizza finora a sostenere che il principio della sovranità popolare sia fonte di instabilità, che esso legittima in definitivamente il diritto di rivoluzione.

Esso pone le società in guerra aperta contro i poteri umani e persino contro i poteri di Dio: è la reincarnazione stessa della forza. Essa rende il popolo una belva feroce che si addormenta quando è sazia di sangue e viene quindi incatenata. Ecco qui l'immutabile destino delle società ad esso collegate: la sovranità popolare genera anarchia, quindi l'anarchia conduce al dispotismo. Il dispotismo secondo voi è le barbarie. Ebbene, come vedete, i popoli ritornano alla barbarie attraverso la civiltà.

Ma non è tutto. Ritengo inoltre che il dispotismo sia l'unica forma di governo appropriata per la condizione sociale dei popoli d'oggi. Avete detto che i loro interessi materiali li legano alla libertà: su questo punto mi date buon gioco. Quali allora sono, generalmente, gli Stati che hanno bisogno di libertà? Quelli che vivono nutriti da grandi sentimenti, da grandi passioni, dall'eroismo, dalla fede, dall'onore, come la monarchia francese dei vostri tempi. Lo stoicismo può rendere un popolo libero. Lo può fare anche il cristianesimo, a certe condizioni. Capisco la necessità della libertà per Atene, per Roma, per nazioni che vivevano per la gloria delle armi, per nazioni in cui la guerra soddisfaceva tutti i bisogni di espansione e che avevano bisogno di tutte le energie patriottiche e di tutti gli entusiasmi civili per trionfare sui nemici.

Le libertà politiche rappresentavano il patrimonio naturale degli Stati nei quali le funzioni servili e produttive erano riservate agli schiavi, nei quali l'uomo era inutile se non era un cittadino. Concepisco inoltre la presenza della libertà in certi periodi dell'era cristiana e precisamente in quei piccoli Stati tra loro uniti da un sistema di confederazione analogo a quello delle repubbliche elleniche, come in Italia e in Germania. Qui esistono cause naturali che rendono necessaria la libertà. Essa non era pericolosa nei tempi in cui il principio dell'autorità non veniva messo in discussione, la religione aveva un potere assoluto sulle coscienze e il popolo, posto sotto la tutela del regime corporativo, camminava docile sotto la guida dei suoi pastori. Se l'emancipazione politica del popolo fosse iniziata allora, avrebbe forse potuto non essere pericolosa, dal momento che si sarebbe compiuta in conformità ai princìpi sui quali si fonda l'esistenza di tutte le società. Ma per grandi Stati che vivono solo d'industria, per popolazioni senza Dio e senza fede, per tempi nei quali i popoli trovano soddisfazione solo nella guerra, la libertà, con i princìpi sui quali si fonda, non può che essere causa di dissoluzione e di rovina. Aggiungo che essa non è più necessaria ai bisogni morali degli individui quanto lo sia agli Stati.

Il crollo degli ideali e lo choc delle rivoluzioni, hanno generato società fredde e disincantate che sono giunte all'indifferenza tanto in maniera politica quanto religiosa, che sono stimolate soltanto dal godimento materiale, che vivono solo per l'interesse, che altro culto non hanno se non quello dell'oro e che contendono le loro usanze commerciali con quelle degli ebrei che hanno preso come esempio. Credete che sia per puro amore della libertà che le classi inferiori tentano la scalata al potere? È solo per odio verso coloro che posseggono, è per strappar loro le ricchezze, strumento degli invidiati godimenti.

I ricchi implorano da ogni dove una mano energica, un potere forte. Non gli chiedono che una cosa sola: quella di proteggere lo Stato dalle agitazioni alle quali la sua debole costituzione non potrebbe resistere e di dar loro la necessaria sicurezza al fine di poter godere e fare i loro affari. Quali forme di governo, allora, vorreste applicare in società in cui la corruzione si è diffusa ovunque, le fortune si acquisiscono con la frode, la morale è garantita solo da leggi repressive, perfino il sentimento patriottico si è dissolto in non so quale vago cosmopolitismo?

Non mi riesce di vedere nessuna possibilità di salvezza per queste società. Sono veri e propri colossi dai piedi d'argilla. Solo l'istituzione di una centralizzazione a oltranza, la quale metta tutta la forza pubblica a disposizione di chi governa, in un'amministrazione gerarchica simile a quella dell'impero romano, che regoli meccanicamente tutti i movimenti degli individui potrà salvarla. Oppure un vasto sistema legislativo che si riprenda, ad una ad una, tutte le libertà che erano state imprudentemente concesse, infine, un gigantesco dispotismo che possa spezzare immediatamente e in qualsiasi momento tutto ciò che resiste, tutto ciò che si lamenta. Il cesarismo del basso impero mi pare realizzare abbastanza bene ciò che io auspico per il benessere delle società moderne. Grazie ad enormi apparati che funzionano, mi è stato detto, in più di un Paese europeo, potranno vivere in pace come succede per Cina, India ed il Giappone. Non ritengo giusto che un rozzo pregiudizio ci faccia disprezzare queste civiltà orientali di cui, giorno dopo giorno, si impara ad apprezzarne sempre più le istituzioni. Il popolo cinese, ad esempio, è molto attivo nel commercio e molto ben amministrato.

Dialogo Quinto

Montesquieu - Esito a rispondervi, Machiavelli, perché nelle vostre ultime parole esiste un non so che di satanico, che mi lascia il sospetto interno che i vostri discorsi non siano del tutto in linea con i vostri pensieri. Sì, voi avete l'eloquenza fatale che fa perdere le tracce della verità, e voi siete davvero il genio oscuro il cui nome spaventa ancora le generazioni attuali. Riconosco di buon grado che si perderebbe troppo a tacere di fronte ad uno spirito così possente, resto perciò disposto ad ascoltarvi e anche a rispondervi, anche se per ora ho poche speranze di convincervi. Voi avete appena dipinto un quadro veramente sinistro della società moderna. Non so se sia esatto, ma è indubbiamente incompleto, perché in ogni cosa, accanto al male c'è il bene, e voi mi avete mostrato solo il male. Mi viene da aggiungere, inoltre, che voi non mi abbiate dato i mezzi per verificare fino a che punto voi siate nel vero, perché non so a quali popoli o a quali Stati vi riferivate quando avete iniziato a dipingere questo quadro nero della morale contemporanea.

Machiavelli - Supponiamo che io abbia preso come esempio quello di tutte le nazioni d'Europa che è più avanzato degli Stati e al quale, mi affretto a dire, il ritratto che ho appena dipinto potrebbe essere meno applicabile...

Montesquieu - Quindi è della Francia che volete parlare?

Machiavelli - Beh, sì.

Montesquieu - Avete ragione, perché è lì che le oscure dottrine del materialismo sono penetrate meno. È la Francia che è rimasta la patria delle grandi idee e delle grandi passioni, la cui fonte voi credete si sia inaridita, ed è da lì che sono nati quei grandi princìpi di diritto pubblico, ai quali voi non date spazio nel governo degli Stati.

Machiavelli - Potete aggiungere che questo: la Francia è il campo di esperienza consacrato alla sperimentazione delle teorie politiche.

Montesquieu - Non conosco alcuna esperienza che abbia ancora giovato, in modo duraturo, all'instaurazione del dispotismo, in Francia non più che altrove, tra le nazioni contemporanee. Proprio per questo mi fa innanzitutto trovare le vostre teorie sulla necessità del potere assoluto molto poco aderenti alla realtà delle cose. Finora conosco solo due Stati in Europa completamente privi degli istituti che hanno modificato l'elemento monarchico puro: sono la Turchia e la Russia. Ma se anche analizzassimo da vicino i movimenti interni che avvengono all'interno di quest'ultima potenza, forse rinverrete i sintomi di una trasformazione imminente. Voi mi state dicendo che in un futuro più o meno prossimo i popoli, minacciati di inevitabile dissoluzione, torneranno al dispotismo come all'arca della salvezza, che si costituiranno sotto forma di grandi monarchie assolute, analoghe a quelle dell'Asia. Suona come una grande previsione: ma quanto tempo ci vorrà prima che si avveri?

Machiavelli - Prima di un secolo.

Montesquieu - Siete un indovino. Un secolo è sempre abbastanza. Lasciate che vi dica ora perché la vostra previsione non si avvererà. Le società moderne non devono più essere viste con gli occhi del passato. I loro costumi, le loro abitudini e le loro esigenze sono cambiati.

Non dobbiamo quindi fidarci delle deduzioni dell'analogia storica quando si tratta di giudicare i loro destini. Occorre guardarsi soprattutto dal prendere per leggi universali fatti che non siano solo che accidenti e generalizzare le necessità di tali situazioni o tale periodo. Dal fatto che il dispotismo sia sorto più volte nella storia come conseguenza di disordini sociali, si deduce che debba essere preso come regola di governo? Dal fatto che è servito come transizione in passato, dovrei concludere che è adatto a risolvere le crisi delle epoche contemporanee? Non è forse più ragionevole dire che altri mali richiedono altri rimedi, altri problemi altre soluzioni, altri costumi sociali altri costumi politici? Una legge invariabile delle società è che esse tendono alla perfezione, al progresso; la saggezza eterna le ha, se posso dirlo, condannate a questo. Ha negato loro il movimento nella direzione opposta. Devono raggiungere questo progresso.

Machiavelli - O morire.

Montesquieu - Non poniamoci per estremi Machiavelli. Le società non muoiono mai quando stanno per dare vita a qualcos'altro. Loro sono costruite alla loro maniera, le loro istituzioni possono alterarsi, decadere o morire, ma sono comunque durate diversi secoli. È così che i vari popoli europei sono passati, attraverso trasformazioni successive, dal sistema feudale a quello monarchico infine al regime costituzionale. Questo progresso, la cui unità è strabiliante, non ha però nulla di fortuito. Essa si è prodotta come conseguenza del mutamento intervenuto nelle idee prima di tradursi nei fatti.

Le società non possono avere altra forma di governo che quella che è in relazione coi loro princìpi e tu vai contro questa legge immutabile, quando credi che il dispotismo sia compatibile con la civiltà contemporanea. Fintanto che i popoli hanno considerato la sovranità come una pura emanazione della volontà divina, essi si sono sempre sottomessi al potere assoluto senza mai fiatare e fintanto che le loro istituzioni erano inadatte allo sviluppo, essi hanno accettato l'arbitrio.

Ma dal giorno in cui i loro diritti sono stati riconosciuti e dichiarati solennemente, dal giorno in cui costituzioni più feconde hanno potuto assolvere tramite libertà tutte le funzioni del corpo sociale, allora la politica, ad uso esclusivo dei principi, è caduta dalla sua posizione più elevata, allora il potere è diventato di dominio pubblico e l'arte di governo si è tramutata in fatto amministrativo. Oggi le cose vanno così negliSstati, di modo che il potere direttivo non appare più come il motore delle forze organizzate.

Sicuramente, se tu supponi che queste società siano infette da ogni sorta di corruzione e da tutti i vizi di cui mi parlavi, esse andranno rapidamente verso la propria distruzione. Ma come non accorgersi che le vostre argomentazioni sono vere e proprie dichiarazioni di principio? Da quando la libertà degrada gli animi e affievolisce le coscienze? Non esistono a tal proposito insegnamenti della storia, poiché essa scrive in caratteri di fuoco che i popoli più grandi sono stati anche quelli più liberi. Se in qualche parte dell'Europa che ignoro i costumi si sono degradati, è perché ci sarà passato il dispotismo ed è perché la libertà si sarà estinta. Occorre perciò mantenerla là dove c'è e ristabilirla là dove non c'è più.

Siamo sul terreno dei princìpi. Non dimenticatelo. Se i vostri differiscono dai miei, chiedo loro di non cambiare. Io non so più dove sono quando sento che vantate libertà nell'antichità e la bandite nei tempi moderni, la rifiutate o la ammanettete a seconda dei tempi e dei luoghi. Supponendo giustificate queste distinzioni, esse tuttavia intaccano l'integrità del principio ed è al solo principio che intendo rifarmi.

Machiavelli - Come un abile pilota, vedo che voi evitate le insidie restando in alto mare. Le generalizzazioni sono di grande aiuto nelle discussioni. Confesso però che sono molto ansioso di sapere come il grave Montesquieu affronterà il principio della sovranità popolare. Finora non sono riuscito a sapere se fa parte o meno del vostro sistema. Lo ammette o no?

Montesquieu - Non posso rispondere a una domanda posta in questi termini.

Machiavelli - Sapevo bene che la vostra stessa ragione sarebbe stata turbata da questo fantasma.

Montesquieu - Vi sbagliate Machiavelli. Prima di rispondervi, però, devo ricordarvi ciò che hanno rappresentato i miei scritti e la missione che hanno svolto. Mi avete fatto diventare complice delle ingiustizie compiute dalla Rivoluzione francese. È un giudizio molto severo per un filosofo che ha sempre preceduto con passo prudente nella ricerca della verità. Nato in un secolo intellettualmente fecondo, alla vigilia di una rivoluzione che travolse nella mia patria le antiche forme del governo monarchico, posso dire che nessuna conseguenza del mutamento culturale in atto, sfuggì alla mia considerazione. Non potei riconoscere che il sistema della divisione dei poteri avrebbe un giorno spostato la sede della sovranità.

Questo principio, mal conosciuto, mal definito e soprattutto male applicato, poteva generare terribili equivoci e rovesciare da cima a fondo la società francese. La sensazione di tali pericoli divenne la costante preoccupazione della mia opera. Così, mentre imprudenti innovatori che si erano subito avvinghiati alla fonte del potere, preparavano, inconsapevoli, una catastrofe di formidabili proporzioni, io mi applicavo unicamente a studiare le forme dei governi liberi nel tentativo di cogliere i princìpi che presiedevano nella loro istituzione.

Uomo di Stato più che filosofo, giureconsulto più che teologo, legislatore pratico più che teorico - se mi passate il termine - credevo di essere più utile al mio Paese insegnandogli a governarsi piuttosto che mettendo in discussione il principio stesso dell'autorità. Non piace al Signore Dio che io cerchi di attribuirmi un merito più grande a spese di coloro che, come me, hanno cercato in buona fede la verità. Tutti abbiamo commesso errori, ma a ciascuno spetta la responsabilità del proprio operato.

Sì, Machiavelli, avevate ragione quando dicevate che l'emancipazione del popolo francese avrebbe dovuto avvenire in conformità ai superiori princìpi che regolano l'esistenza di tutte le civiltà umane, e ciò vi permette di prevedere i miei giudizi sulla sovranità popolare.

Intanto, io non ammetto un sistema che sembra escludere dalla partecipazione alla sovranità le classi più illuminate della società. La distinzione è fondamentale poiché essa farà di uno Stato, una democrazia pura uno Stato rappresentativo. Se la sovranità risiede da qualche parte, essa risiede nella nazione intera. La chiameremo allora sovranità nazionale. L'idea di questa sovranità rimane però una sovranità relativa e non assoluta. La sovranità del potere umano, corrisponde ad un'idea profondamente sovversiva: la sovranità al diritto umano. È bensì questa dottrina materialistica ed atea che ha fatto precipitare la Rivoluzione francese nel sangue e le ha inflitto l'obbrobrio del dispotismo dopo il delirio dell'indipendenza.

Non è esatto dire che le nazioni siano padrone assolute dei loro destini poiché il loro padrone e signore, è Dio stesso ed esse non saranno mai svincolate dalla Sua autorità. Se possedessero sovranità assoluta, esse potrebbero tutto, anche contro la giustizia eterna, anche contro Dio. Ma chi oserebbe tanto? Il principio del diritto divino, con tutto ciò che vi è connesso, non è meno funesto, dal momento che vota i popoli all'oscurantismo, all'arbitrio e al nulla. Esso ricostituisce inevitabilmente il regime di casta, fa dei popoli un branco di schiavi condotti, come in India, dai preti e tremanti sotto la verga del padrone. Come potrebbe essere altrimenti, io mi chiedo? Se il sovrano fosse l'inviato di Dio, se il rappresentante stesso delle divinità sulla terra, egli avrebbe tutto il potere sulle creature umane sottomesse al suo dominio e questo potere non conoscerà freni se non in vaghe regole di equità che sarà facile non rispettare.

È nel campo che separa queste due opinioni estreme che si sono scatenate le furiose battaglie dello spirito di parte. Gli uni gridano: "No all'autorità divina!"; gli altri: "No all'autorità umana!". O provvidenza suprema, la mia ragione si rifiuta di cedere all'una o all'altra di queste alternative. Mi sembrano entrambe una bestemmia contro la saggezza. Tra il diritto divino che esclude l'uomo e il diritto umano che esclude Dio, sta la verità, Machiavelli. Le nazioni, al pari degli individui, sono libere nelle mani di Dio. Esse hanno tutti i diritti, tutti i poteri e le possibilità di usarli secondo le regole della giustizia eterna. La sovranità è umana nel senso che essa è data per mezzo degli uomini e che sono gli uomini ad esercitarla. Essa è divina, nel senso che è istituita da Dio e che non la si può esercitare se non secondo i princìpi che Egli ha stabilito.

Dialogo Sesto

Machiavelli - Vorrei arrivare a delle conclusioni precise. Fino a che punto si estende la mano di Dio sugli uomini? Chi crea i sovrani?

Montesquieu - Il popolo.

Machiavelli - È scritto: *Per me reges regnant*. Che significa letteralmente: Dio crea i re.

Montesquieu - Questa è una traduzione ad uso del Principe, o Machiavelli, ed è stata presa in prestito da voi in questo secolo da uno dei vostri più illustri fautori, ma non è quella della Sacra Scrittura. Dio ha istituito la sovranità, non i sovrani. La Sua mano onnipotente si è fermata lì, perché è lì che inizia il libero arbitrio umano. I re regnano secondo i miei comandamenti, devono regnare secondo la mia legge: questo è il senso del libro divino. Se fosse diversamente, dovremmo dire che la Provvidenza stabilisce principi buoni e cattivi, dovremmo inchinarci davanti a Nerone come a Tito e davanti a Caligola come a Vespasiano. No, Dio non ha voluto che i governanti più sacrileghi potessero invocare la sua protezione e che le tirannie più vili potessero rivendicare la sua investitura. Ai popoli come ai re, Egli ha lasciato la responsabilità delle loro azioni.

Machiavelli - Dubito fortemente che tutto questo sia ortodosso. Comunque sia, secondo voi è il popolo ad avere l'autorità sovrana?

Montesquieu - Attenzione a non andare contro ad una verità accettata comunemente. Non è una novità nella storia. Nell'antichità, nel Medioevo, ovunque si sia instaurato un dominio al di fuori dell'invasione o della conquista, il potere sovrano è nato dalla libera volontà del popolo, nella forma originaria dell'elezione. Per citare un solo esempio, in Francia il capo dei Carolingi è succeduto ai discendenti di Clodoveo poi alla dinastia di Hugues Capet e infine a quella di Carlo Magno. L'ereditarietà ha indubbiamente sostituito l'elezione. Lo scintillio dei servigi resi, il riconoscimento pubblico e la tradizione hanno fissato la sovranità nelle principali famiglie d'Europa, e nulla poteva essere più legittimo. Ma il principio dell'onnipotenza nazionale è sempre stato al centro delle rivoluzioni ed è sempre stato chiamato a consacrare nuovi poteri. Si tratta di un principio anteriore e preesistente, che si è realizzato più da vicino solo nelle varie costituzioni degli Stati moderni.

Machiavelli - Ma se è il popolo a scegliere i suoi padroni, può lui stesso rovesciarli? Se ha il diritto di stabilire la forma di governo che gli conviene, chi gli impedirà di cambiarla a seconda dei propri capricci? Non sarà il regime di ordine e libertà che emergerà dalle vostre dottrine ma sarà l'ego del vago e delle rivoluzioni.

Montesquieu - Voi confondete il diritto con l'abuso che può derivare dal suo esercizio, i principi con la loro applicazione. Queste sono distinzioni fondamentali, senza le quali non possiamo essere d'accordo.

Machiavelli - Non sperate di cavarvela così, vi sto chiedendo delle conseguenze logiche. Potete rifiutare se volete. Vorrei solo sapere se, secondo i vostri principi, il popolo ha il diritto di rovesciare i suoi sovrani?

Montesquieu - Sì, in casi estremi e per cause giuste.

Machiavelli - Chi giudicherà questi casi estremi e la loro giustizia?

Montesquieu - E chi volete che sia, se non il popolo stesso? Le cose sono state diverse fin dall'inizio del mondo? È una sanzione pericolosa, senza dubbio, ma salutare e inevitabile. Non vi accorgete che la dottrina opposta, quella che ordinerebbe agli uomini di rispettare i governi più odiosi, li farebbe ricadere sotto il giogo del fatalismo monarchico?

Machiavelli - Il vostro sistema ha un solo inconveniente, quello di presupporre l'infallibilità della ragione negli uomini. Non hanno forse essi, al pari degli uomini, le loro passioni, i loro errori, le loro ingiustizie?

Montesquieu - Quando i popoli commetteranno degli errori, verranno puniti come gli uomini che abbiano peccato contro la morale.

Machiavelli - E come?

Montesquieu - Saranno puniti dai flagelli della discordia, dall'anarchia, dal dispotismo stesso. Non c'è altra giustizia sulla terra, se non quella di Dio.

Machiavelli - Avete appena pronunciato la parola dispotismo. Vedete allora che ci stiamo tornando ancora una volta?

Montesquieu - Questa obiezione non è degna della vostra grande persona Machiavelli. Mi sono limitato a trarre le conclusioni più estreme dai princìpi che voi combattete e tanto basta perché la nozione di vero risulti falsata. Dio non ha dato ai popoli né il potere, né la volontà di cambiare le forme di governo che sono il mezzo essenziale della loro esistenza. Nelle società politiche, così come in tutti gli organismi, la natura limita di per sé l'espansione delle forze libere. Dovete restringere il campo delle vostre argomentazioni a ciò che è accettabile dalla ragione.

Credete che sotto l'influenza delle idee moderne le rivoluzioni saranno più frequenti. Non è detto. Anzi è possibile che lo siano meno, Machiavelli.

Le nazioni, infatti, come dicevo poco fa, si sostengono ora per mezzo dell'industria e ciò che a voi sembra una causa di schiavitù è invece un principio d'ordine e di libertà ad un tempo. Le civiltà industriali hanno, è vero, piaghe che conosco bene, ma non se ne possono negare gli aspetti positivi e , tantomeno, pretendere che esse vadano contro tendenza. Società che vivono di lavoro, di scambio e di credito, sono società fondamentalmente cristiane, giacchè tutte le diverse forme di industrializzazione altro non sono che l'applicazione di alcuni grandi idee morali ispirate al cristianesimo, fonte di ogni forza e di ogni verità.

L'industria gioca un ruolo così importante all'interno dei processi delle società contemporanee che non se ne può fare alcun calcolo preciso, senza tener conto della sua influenza che non è affatto quella che tu le hai attribuito. La scienza che indaga sui nessi dell'industrializzazione e le massime che ne derivano, sono quanto più contrario esista al principio della concentrazione dei poteri. La tendenza all'economia politica è di considerare l'organismo politico come necessario ma molto costoso, del quale occorre semplificare i meccanismi. Essa tende pertanto ad attribuire al governo funzioni talmente elementari che il suo più grande inconveniente è forse solo quello di ridurne il prestigio. L'industria è la nemica naturale delle rivoluzioni, poiché, col venir meno dell'ordine sociale, essa soccombe assieme ai popoli moderni. Non può infischiarsi della libertà, dal momento che è soltanto per mezzo di questa che può vivere e, ricordatelo, le libertà industriali generano necessariamente le libertà politiche a tal punto che si è potuto affermare che i popoli più evoluti sul versante industriale sono anche i più avanzati su quello delle libertà civili. Volgete gli occhi verso l'Europa e lascia perdere India e Cina. Loro vivono sotto la monarchia. Destini ciechi.

Avete nuovamente pronunciato la parola dispotismo. Ebbene, Machiavelli, voi, il cui genio oscuro si è adattato a qualsiasi via sotterranea, ad ogni intrigo nascosto, ad ogni artificio di legge e di governo con i quali si possono incatenare le azioni e i pensieri dei popoli; voi, che disprezzate gli uomini, che sognate per loro i terribili regimi orientali; voi, le cui dottrine sono ispirate alle spaventose teoria della mitologia indiana, ditemi - ve ne prego - come fareste a istituire il dispotismo presso quelle popolazioni in cui il diritto pubblico riposa essenzialmente sulle libertà, la cui morale e la cui religione indicano la medesima via, presso quelle nazioni cristiane che vivono di commercio ed industria, in quegli Stati i cui corpi politici vengono influenzati dalla stampa che getta sprazzi di luce negli angoli più bui del potere. Fate appello a tutte le risorse della vostra fervida immaginazione, cercate, inventate pure e se risolverete questo problema, io affermerò con voi che la coscienza contemporanea è vinta.

Machiavelli - Attenzione, mi state dando un bel gioco, potrei prendervi in parola.

Montesquieu - Fatelo, vi imploro.

Machiavelli - Non intendo fallire.

Montesquieu - Tra poche ore potremmo separarci. Queste parti le conoscete, Machiavelli. Seguitemi nelle deviazioni che farò con voi lungo questo sentiero oscuro e potremo evitare ancora per qualche ora il rifluire di ombre che vedete laggiù.

Dialogo Settimo

Machiavelli - Possiamo fermarci qui.

Montesquieu - Vi ascolto.

Machiavelli - Prima di tutto, devo dirvi che vi sbagliate completamente sull'applicazione dei miei princìpi. Il dispotismo vi appare ancora nelle forme ingiallite del monarchismo orientale, ma non è così che lo intendo io. Con le nuove società bisogna usare nuovi metodi. Per governare oggi non si tratta di commettere brutali ingiustizie, decapitare i propri nemici, spogliare i propri sudditi dei loro beni ed elargire supplizi. No. La morte, la spoliazione e le torture possono giocare solo un ruolo abbastanza secondario nella politica interna degli Stati moderni.

Montesquieu - Meno male.

Machiavelli - Senza dubbio ho poca ammirazione, lo confesso, per le vostre civiltà con cilindri e tubi di scappamento, che ci crediate o meno, resto comunque al passo coi tempi. La forza delle dottrine a cui è legato il mio nome sta nel fatto che si adattano a tutti i tempi e a tutte le situazioni. Machiavelli oggi ha dei nipoti che conoscono il valore delle sue lezioni. Mi si crede molto vecchio, Montesquieu, ma in realtà ringiovanisco ogni giorno che passa sempre di più.

Montesquieu - State scherzando, vero?

Machiavelli - Ascoltatemi e sarete voi a giudicare. Al giorno d'oggi non si tratta di usare la violenza contro gli uomini, ma di disarmarli. Non si devono reprimere le loro passioni politiche ma annullarle. Non combattere i loro istinti ma ingannarli. Non bandire le loro idee ma cambiarle e farne proprie.

Montesquieu - E come? Non sto capendo.

Machiavelli - Permettetemi, questa è solamente la parte morale della politica, alle applicazioni arriveremo tra poco. Il segreto principale del governo consiste nell'indebolire la morale pubblica fino a renderla completamente disinteressata alle idee e ai princìpi con cui oggi si fanno le rivoluzioni. In tutte le epoche, persone e uomini si sono appagati di parole. Le apparenze sono quasi sempre sufficienti per loro, non chiedono molto altro. È quindi possibile creare istituzioni fasulle che rispondono a un linguaggio e a idee anch'esse fasulle. Bisogna avere il talento di privare i partiti di questa fraseologia liberale con cui si armano contro il governo. Bisogna saturare il popolo fino a portarlo alla stanchezza e al disgusto. Oggi parliamo spesso del potere dell'opinione, e vi dimostrerò che è possibile farle esprimere ciò che si vuole quando si conoscono i meccanismi nascosti del potere. Ma prima di poter pensare di dirigerla, bisogna stordirla, colpirla con incertezza attraverso contraddizioni, operare su di essa con incessanti distrazioni, abbagliarla e infine sviarla. Uno dei grandi segreti del giorno è quello di saper cogliere i pregiudizi e le passioni popolari, in modo da introdurre una confusione di princìpi che rende impossibile ogni accordo tra coloro che parlano la stessa lingua e hanno gli stessi interessi.

Montesquieu - Dove volete arrivare con queste parole la cui oscurità ha qualcosa di sinistro?

Machiavelli - Se il saggio Montesquieu intende mettere il sentimento al posto della politica, forse dovrei fermarmi qui. Non ho preteso di pormi su un terreno morale. Mi avete sfidato a fermare il movimento nelle vostre società, che sono costantemente tormentate dallo spirito di anarchia e di rivolta. Mi permettete di dirvi come risolverei il problema? Potete proteggere i vostri scrupoli accettando questa tesi come una questione di pura curiosità.

Montesquieu - Così sia.

Machiavelli - Mi chiedevate indicazioni più precise, Montesquieu. Ci arriveremo. Prima però lasciate che vi spieghi come il principe può oggi sperare di consolidare il proprio potere. Dovrà innanzitutto impegnarsi a distruggere i partiti, eliminando forze collettive ovunque esistano e paralizzando l'iniziativa individuale in tutte le sue manifestazioni, infine lo stato delle coscienze finirà con il dipendere da lui e ben presto tutti cederanno alla servitù. Il potere assoluto, perciò, non sarà più una disgrazia ma diverrà una necessità. Questi precetti politici non sono completamente nuovi come vi dicevo, ma nuovi devono essere i vari procedimenti. Molti di questi risultati possono essere ottenuti mediante semplici regolamenti amministrativi e di polizia. Al posto dei sovrani avete messo un mostro chiamato Stato, nelle vostre società così belle, pulite e ordinate. Un nuovo Briareo le cui braccia si estendono ovunque, colossale organismo di tirannide all'ombra del quale il dispotismo rinascerà sempre. Ebbene, in nome dello Stato, non vi sarà niente di più facile che portare a compimento quell'operazione occulta di cui vi parlavo e i mezzi più potenti forse saranno proprio quelli modellati su questo sistema industriale che tanto iniziate ad ammirare.

Con l'aiuto del solo potere regolamentare, io istituirei immensi monopoli finanziari. Serbatoi di ricchezza pubblica dai quali dipenderanno così strettamente le sorti di tutte le ricchezze private, che se le inghiottiranno con il credito dello Stato l'indomani di ogni catastrofe politica. Voi siete un economista Montesquieu. Valutate il peso di questa possibilità per lo meno.

Se io fossi a capo del governo, ogni editto ed ogni ordinanza tenderebbe incessantemente al medesimo fine: distruggere le forze collettive e individuali, ingrandire a dismisura la preponderanza dello Stato facendone il sovrano protettore, promotore e remuneratore.

Supponiamo che l'aristocrazia, in quanto forza politica, sia scomparsa e che la borghesia terriera rappresenti ancora un elemento di pericolosa resistenza per il governo poiché è autosufficiente: occorrerebbe, in questo caso, impoverirla o forse rovinarla completamente. A tal fine bisognerebbe aumentare le imposte sulla proprietà fondiaria, mantenere l'agricoltura in uno stato di relativa inferiorità, favorire il commercio ad oltranza e l'industria sì, ma, soprattutto, la speculazione, giacchè una troppo grande prosperità nell'industria può essa stessa divenire un pericolo creando troppe ricchezze indipendenti.

Eccovi qui un altro mezzo ispirato all'ordine industriale.

Contro i grandi industriali e contro i fabbricanti si agirà efficacemente mediante l'incitamento ad un lusso smisurato, mediante l'innalzamento dei salari, mediante profonde ferite abilmente inflitte alle radici della produzione. Non serve sviluppare ulteriormente queste idee. Comprendete benissimo in quali circostanze e con quali pretesti, tutto questo sia realizzabile. L'interesse del popolo e perfino lo zelo per la libertà e per i grandi princìpi economici, celerebbero agevolmente i veri scopi. Detto questo, sapete bene che sarebbe inutile aggiungere che il complemento necessario del sistema è il mantenimento stabile di un esercito continuamente in guerra. Occorre far sì che nello stesso Stato non ci siano che proletari, qualche milionario e tanti soldati.

Montesquieu - Continuate.

Machiavelli - Questo per quanto riguarda la politica interna dello Stato. All'estero, è necessario risvegliare, da un capo all'altro dell'Europa, il fermento rivoluzionario che viene represso in patria. Ne derivano due vantaggi considerevoli: l'agitazione liberale all'esterno annulla la repressione all'interno. Inoltre, tiene a bada tutti i poteri, dove si può creare ordine o disordine a piacimento. Il punto principale è quello di aggrovigliare, tramite intrighi di gabinetto, tutti i fili della politica europea in modo da controllare di volta in volta le potenze con cui si tratta. Non pensiate che questa doppiezza, seppur ben sostenuta, possa andare a discapito di un sovrano. Alessandro VI non fece altro che ingannare nelle sue trattative diplomatiche e tuttavia ci riusciva sempre, tanta era la sua astuzia. Ma in quello che oggi si chiama "linguaggio ufficiale", ci deve essere un forte contrasto, e lì non si può mostrare troppo spirito di lealtà e conciliazione: la gente che vede solo l'apparenza delle cose darà una reputazione di saggezza al sovrano che sa comportarsi in questo modo.

Ma poiché in politica le parole non devono mai coincidere con i fatti, il principe deve, in queste diverse circostanze, essere abbastanza abile da mascherare i suoi veri disegni sotto disegni contrari. Egli deve sempre sembrare che ceda alla pressione dell'opinione mentre sta eseguendo ciò che la sua mano ha segretamente preparato.

Riassumendo, all'interno dello Stato la rivoluzione sarà contenuta in due punti differenti. Da un parte dal terrore dell'anarchia e dall'altra dalla bancarotta e insieme dalla guerra totale.

Avete già visto, dalle brevi indicazioni che vi ho appena dato, quale ruolo importante sia destinato a svolgere l'arte della parola nella politica moderna. Come vedrete, non disprezzo affatto la stampa e saprei usare la tribuna se necessario. L'essenziale è usare contro i vostri avversari tutte le armi che potrebbero usare contro di voi. Non contento di appoggiarmi alla forza violenta della democrazia, vorrei prendere in prestito dalle sottigliezze del diritto le loro risorse più abili. Quando prendiamo decisioni che possono sembrare ingiuste o avventate, è essenziale saperle affermare nei termini giusti, per sostenerle con le più alte ragioni della morale e del diritto.

Il potere che sogno, lungi dall'avere una morale barbara, deve attirare a sé tutte le forze e i talenti della civiltà in cui vive. Dovrà circondarsi di pubblicisti, avvocati, giureconsulti, uomini di pratica e di amministrazione, persone che conoscono a fondo tutti i segreti, tutte le sorgenti della vita sociale, che parlano tutte le lingue, che hanno studiato l'uomo in tutti gli ambienti. Bisogna reclutarle ovunque, perché queste persone forniscono servizi sorprendenti grazie ai metodi ingegnosi che applicano alla politica. Accanto ad essi, avete bisogno di un intero mondo di economisti, banchieri, industriali, capitalisti, uomini con progetti, uomini con milioni, perché fondamentalmente tutto si risolverà in una questione di cifre.

Per quanto riguarda le principali dignità, ossia le principali limitazioni del potere, dobbiamo fare in modo di darli a uomini i cui antecedenti e il cui carattere pongono un abisso tra loro e gli altri uomini, ognuno dei quali ha solo da aspettare la morte o l'esilio e siano quindi costretti a difendere l'esistente fino al loro ultimo respiro.

Supponiamo per un momento che io abbia a disposizione le varie risorse morali e materiali che vi ho appena indicato, e ora datemi una qualsiasi nazione. Nello *Spirito delle leggi*, voi considerate di capitale importanza il "non modificare i caratteri di una nazione" se si vuole conservare il suo vigore originale. Ebbene, in meno di vent'anni, trasformerò il più indomito carattere europeo completamente, per renderlo docile alla tirannia, quanto quello del più piccolo popolo dell'Asia.

Montesquieu - Mentre scherzavate, avete appena aggiunto un capitolo al trattato sul *Principe*. Quali siano le vostre dottrine, non le discuto. Mi limito a fare un'osservazione. Evidentemente non hai rispettato appieno l'impegno che avevi assunto: l'impiego di tutti questi mezzi presuppone l'esistenza di un potere assoluto, io ti avevo invece chiesto come avresti potuto istituirlo in società che si fondano su istituzioni liberali.

Machiavelli - La vostra osservazione è perfettamente corretta e non intendo sottrarmi ad essa. Quell'inizio era solamente un introduzione.

Montesquieu - Vi metto al cospetto di uno Stato fondato su istituzioni rappresentative, monarchia o repubblica. Vi parlo di una nazione che da tempo conosce la libertà, e vi chiedo come, da lì, potrete tornare al potere assoluto.

Machiavelli - Niente di più facile.

Montesquieu - Vedremo.

PARTE SECONDA

Dialogo Ottavo

Machiavelli - Prendo l'ipotesi a me più sfavorevole. Prenderò uno Stato costituito come una repubblica. Con una monarchia, il ruolo che mi propongo di svolgere sarebbe troppo facile. Scelgo una repubblica, perché con tale forma di governo incontrerò resistenze, quasi insormontabili in apparenza, nelle idee, nei costumi, nelle leggi. Questa ipotesi vi sconvolge? Accetto da voi uno Stato di qualsiasi forma, grande o piccolo che sia. Supponiamo che abbia tutte le istituzioni che garantiscono la libertà, e vi pongo questa domanda: credete che il potere sia al sicuro da un colpo di mano da quello che oggi si chiama colpo di Stato?

Montesquieu - No, è vero; ma converrete almeno con me che una simile impresa sarebbe singolarmente difficile nelle società politiche contemporanee, così come sono organizzate.

Machiavelli - E perché? Queste società non sono forse, come sono sempre state, preda delle fazioni? Non ci sono forse elementi di guerra civile, partiti e lotta per il potere?

Montesquieu - Può darsi. Credo però, di potervi mostrare in poche parole dove sta il vostro errore. Tali usurpazioni, necessariamente molto rare perché rischiose e ripugnanti per i costumi moderni, ammesso che riescano, non avrebbero in alcun modo l'importanza che voi sembrate attribuirgli. Un cambiamento di potere non porterebbe necessariamente a un cambiamento delle istituzioni. Un pretendente metterà in subbuglio lo Stato, va bene. Il suo partito trionferà e il potere passerà in altre mani, tutto qui. Il diritto pubblico, tuttavia, e le fondamenta stesse delle istituzioni, rimarranno intatte. Questo è ciò che mi muove.

Machiavelli - Nutrite davvero simili illusioni?

Montesquieu - Dimostratemi il contrario.

Machiavelli - Mi concedete dunque, per un momento, la possibilità di successo di un'impresa armata contro il potere stabilito?

Montesquieu - Sì.

Machiavelli - Notate bene allora la situazione in cui mi trovo. Ho temporaneamente soppresso ogni potere diverso dal mio. Se le istituzioni ancora in piedi possono sollevare qualche ostacolo davanti a me, è puramente formale. Infatti, gli atti della mia volontà non possono incontrare alcuna resistenza reale; infine mi trovo in quella condizione *extra legem*, che i Romani chiamavano con una parola così bella e così potentemente energetica: dittatura. In altre parole, adesso posso fare quello che voglio: sono un legislatore, un esecutore, un giustiziere, e comandante di un esercito. Ricordate questo: ho trionfato con l'appoggio di una fazione, cioè questo evento poteva avvenire solo in mezzo a un profondo dissenso interno. Possiamo ipotizzarne le cause perciò. Le cause fondamentali non potranno essere che di un antagonismo tra aristocrazia e popolo o tra popolo e borghesia. Apparentemente in superficie, sarà un'accozzaglia di idee, opinioni, influenze e correnti opposte, come in tutti gli Stati in cui la libertà è stata liberata per un certo periodo. Ci saranno elementi politici di ogni tipo: sezioni di partiti un tempo vittoriosi e ora sconfitti, ambizioni sfrenate, desideri ardenti, odi implacabili, terrore ovunque, uomini di tutte le opinioni e dottrine, restauratori di vecchi regimi, demagoghi, anarchici, utopisti. Tutti all'opera, tutti ugualmente dalla loro parte per rovesciare l'ordine stabilito. Che cosa possiamo concludere da questa situazione? Due cose: la prima è che il Paese ha un grande bisogno di pace e che non rifiuterà nulla a chiunque possa soddisfarlo; la seconda è che in mezzo a questa divisione dei partiti non c'è una vera forza, o meglio c'è una sola forza, il popolo.

Sono dunque un pretendente vittorioso e porto, suppongo, un grande nome storico capace di agire sull'immaginario delle masse. Come Pisistrato, come Cesare, come Nerone persino, mi affiderò al popolo. Questa è l'ABC di ogni usurpatore. Qui soggiorna la forza cieca che permetterà di agire impunemente, qui starà l'autorità, qui starà il nome che coprirà ogni cosa. Il popolo infatti si preoccupa molto delle vostre finzioni giuridiche e delle vostre garanzie costituzionali.

Ho ridotto al silenzio le fazioni, e ora vedrete come camminerò.

Forse ricorderete le regole che ho stabilito nel *Principe* per la conservazione delle province conquistate. L'usurpatore di uno Stato si trova in una situazione simile a quella del conquistatore. È costretto a rinnovare tutto, a dissolvere lo Stato, a distruggere la città, a cambiare i costumi.

Questo è l'esatto scopo. Ma nei tempi attuali può essere raggiunto solo per vie oblique, con mezzi subdoli, con abili combinazioni e, per quanto possibile, senza violenza. Per questo non distruggerò direttamente le istituzioni, ma le toccherò una per una con un tocco impercettibile che ne sconvolgerà il meccanismo. Così colpirò di volta in volta l'organizzazione del sistema giudiziario, il suffragio popolare, la stampa, la libertà individuale e l'istruzione.

Sopra le leggi originarie stenderò una nuova legislazione che, senza abrogare espressamente la precedente, dapprima la celerà per poi, ben presto, cancellarla completamente. Ecco i miei concetti generali. Ora vedremo in dettaglio la loro esecuzione.

Montesquieu - Ma perché non siete già nei giardini di Palazzo Ruccellai, o Machiavelli, a professare queste belle lezioni, e quanto è deplorevole che i posteri non possano ascoltarvi!

Machiavelli - State calmo. Per chi è in grado di intenderlo, tutto questo è nel trattato del Principe.

Montesquieu - Ebbene, siete all'indomani del vostro colpo di Stato: che cosa intenderete fare?

Machiavelli - Una cosa grande, poi una molto piccola.

Montesquieu - Vediamo prima la grande.

Machiavelli - Dopo il successo di un colpo di Stato contro il potere costituito, non tutto è finito, e i partiti in causa non si considerano generalmente sconfitti. Non sappiamo ancora esattamente quanto valga l'energia dell'usurpatore, ma ci proveremo, ci solleveremo contro di lui con le armi in pugno. È giunto il momento di incutere un terrore che colpisca l'intera città e faccia venire a meno gli animi più intrepidi.

Montesquieu - Che cosa avete intenzione di fare? Mi avete detto che ripudiate il sangue.

Machiavelli - Qui non è questione di malintesa umanità. La società è minacciata, è in uno stato di autodifesa. L'eccessivo rigore e persino la crudeltà impediranno ulteriori spargimenti di sangue in futuro. Non chiedetemi che cosa faremo. Gli animi dovranno provare terrore una volta per tutte e che poi la paura finisca.

Montesquieu - Sì, mi ricordo. È quello che insegnate nel trattato sul *Principe* raccontando la sinistra esecuzione di Borgia a Cesena. Siete davvero sempre lo stesso.

Machiavelli - No, no, lo vedrete più tardi; agisco così solo per necessità, e ne soffro.

Montesquieu - Ma chi spargerà questo sangue?

Machiavelli - L'esercito, il grande vendicatore degli Stati, la cui mano mai disonora le proprie vittime. L'intervento dell'esercito nella repressione produrrebbe due risultati della massima importanza. Da un lato, esso sarà per sempre in contrasto con la popolazione civile che ha così spietatamente punito, dall'altro, sarà indissolubilmente legato al destino del suo capo.

Montesquieu - E voi credete che questo sangue non ricadrà su di voi?

Machiavelli - No, perché agli occhi del popolo il sovrano è in definitiva estraneo agli eccessi di una soldatesca che non è sempre facile da contenere. I responsabili saranno i generali, i ministri che avranno eseguito i miei ordini. Costoro, ve l'assicuro, mi saranno devoti fino all'ultimo respiro giacché sanno bene ciò che dopo di me li attenderebbe.

Montesquieu - Questo è il vostro primo atto sovrano! Andiamo avanti, ditemi del secondo adesso.

Machiavelli - Non so se avete notato quanto siano potenti i piccoli accorgimenti in politica. Dopo quello che vi ho appena detto, farò coniare tutta la nuova moneta con la mia effigie, e ne emetterò una quantità considerevole.

Montesquieu - Lo reputo puerile, tra le tante cure dello Stato.

Machiavelli - Lo credete? Si nota che non siete mai stato al potere Montesquieu. L'effigie umana stampata sul denaro è il segno stesso del potere. Dapprima ci saranno degli spiriti orgogliosi che si tireranno indietro per la rabbia, ma la gente si abituerà; gli stessi nemici del mio potere saranno obbligati ad avere il mio ritratto nelle loro tasche. Sicuramente, a poco a poco, ci abitueremo a guardare con occhi più gentili i tratti che sono stampati ovunque sul segno materiale delle nostre soddisfazioni. Dal giorno in cui la mia effigie è sulla moneta, io sono il re.

Montesquieu - Ammetto che questa idea mi è nuova, ma andiamo avanti. Non avete dimenticato che i nuovi popoli hanno la debolezza di darsi costituzioni che sono la garanzia dei loro diritti? Con il vostro potere derivato dalla forza, con i piani che mi rivelate, potreste trovarvi in imbarazzo di fronte a una carta fondamentale, i cui princìpi, regole e disposizioni sono tutti contrari alle vostre massime di governo.

Machiavelli - Emanerò un'altra costituzione, ecco tutto.

Montesquieu - E non pensate che sarà più difficile?

Machiavelli - Dove starebbe la difficoltà? Per il momento non c'è altra volontà, altra forza che la mia, e la mia base d'azione è l'elemento popolare.

Montesquieu - È vero. Tuttavia, ho un sospetto. Da quanto mi avete appena detto, immagino che la vostra costituzione non sarà un monumento alla libertà. Pensate che una sola crisi di forza, un solo atto di violenza sia sufficiente a privare una nazione di tutti i suoi diritti, di tutte le sue conquiste, di tutte le sue istituzioni, di tutti i princìpi con cui si è abituata a vivere?

Machiavelli - Perdonatemi. Non volevo andare così veloce. Poco fa vi ho detto che i popoli sono come gli uomini, che sono più attaccati alle apparenze che alla realtà delle cose. Questa è una regola in politica che seguirei senza indugio alcuno se mi rammenterete i princìpi che vi stanno più a cuore. Vedrete che non mi ostacoleranno come voi credete.

Montesquieu - Cosa intendete farne, o Machiavelli?

Machiavelli - Non temete, nominateli.

Montesquieu - Non mi fido affatto, lo confesso.

Machiavelli - Ebbene, ve li ricorderò io stesso. Senza dubbio non mancherete di parlarmi del principio della separazione dei poteri, della libertà di parola e di stampa, della libertà religiosa, della libertà individuale, del diritto di associazione, dell'uguaglianza di fronte alla legge, dell'inviolabilità della proprietà e del domicilio, del diritto di petizione, del libero consenso all'imposizione fiscale, della proporzionalità delle pene, dell'irretroattività delle leggi. Vi basta tutto ciò? Ne volete ancora?

Montesquieu - Credo che sia molto più che sufficiente, Machiavelli, per mettere in difficoltà il vostro governo.

Machiavelli - È qui che vi sbagliate, tant'è vero che non ho alcuna difficoltà nel proclamare questi princìpi, anzi, ne farò, se vorrete, il preambolo della mia costituzione.

Montesquieu - Mi avete già dimostrato di essere un grande mago.

Machiavelli - Non esiste magia in tutto questo, c'è solo sapienza politica.

Montesquieu - Ma come farete, avendo scritto questi principi all'inizio della vostra costituzione, riuscirete a non applicarli?

Machiavelli - Ah, attenzione! Vi ho detto che avrei proclamato questi princìpi, ma non vi ho detto che li avrei scritti e nemmeno che li avrei espressamente nominati.

Montesquieu - Cosa volete dire?

Machiavelli - Non farò elenchi alcuni. Mi limiterò a dichiarare al popolo che riconosco e confermo i grandi princìpi del diritto moderno.

Montesquieu - La portata di questa reticenza, mi sfugge, al momento.

Machiavelli - Capirete quanto sia importante. Se citassi espressamente questi diritti, la mia libertà d'azione sarebbe legata a ciò che ho dichiarato. Tutto ciò non vorrei accadesse. Invece, non nominandoli affatto, sembrerà li conceda tutti, mentre non ne concederò nessuno. Questo mi permetterà, in seguito, di scartare, in via eccezionale, quelli che riterrò pericolosi.

Montesquieu - Vi capisco.

Machiavelli - Di questi princìpi, inoltre, alcuni appartengono al diritto politico e costituzionale propriamente detto, altri al diritto civile. Questa è una distinzione che deve sempre essere tenuta a mente nell'esercizio del potere assoluto. È ai diritti civili che il popolo tiene di più. Non li toccherò, se posso, e, in questo modo, almeno una parte del mio programma sarà realizzata.

Montesquieu - E per quanto riguarda i diritti politici...?

Machiavelli - Nel trattato de *Il Principe* scrissi la seguente massima, che non ha mai smesso di essere vera: "I sudditi saranno sempre contenti del loro principe, fino a che egli non toccherà i loro beni o il loro onore, e da quel momento in poi, dovrà combattere solo le pretese di un piccolo numero di malcontenti, che supererà facilmente". Questa è la mia risposta alla vostra domanda.

Montesquieu - Si potrebbe, a rigore, non trovarla soddisfacente. Si potrebbe controbattere che anche i diritti politici sono beni. Che i popoli, conservandoli, mantengono intatto il proprio onore e, invece, toccandoli, voi attentereste, in realtà, sia ai loro beni che al loro onore. Si potrebbe inoltre aggiungere che il mantenimento dei diritti civili sia strettamente legato a quello dei diritti politici. Chi assicurerà ai cittadini che, se voi oggi li spogliate della loro libertà politica, domani non li spoglierete di quella personale, che, se attentate oggi alla loro libertà, non attenterete domani alle loro ricchezze?

Machiavelli - È vero che l'argomento è presentato con enorme interesse, ma credo che anche voi stiate un po' esagerando insomma. Voi sembrate sempre che ancora credete che i popoli attuali siano affamati di libertà. Avete previsto il caso in cui non la vogliano più? Potete chiedere ai principi di avere più passione per essa di quanta ne abbia il popolo? Ora, nelle vostre società, così profondamente rilassate, dove l'individuo vive ormai solo nella sfera del suo egoismo e dei suoi interessi materiali, domandate alla maggioranza e vedrete se, da tutte le parti, non vi risponderanno: "Che cosa fa la politica per me? Che cosa mi importa della libertà? I governi non sono tutti uguali? Un governo non deve forse difendersi?".

E notate che non sarà il popolo a rispondere così. Saranno i borghesi, gli industriali, le persone istruite, i ricchi, i letterati, tutti coloro che sono in grado di apprezzare le vostre belle dottrine di diritto pubblico. Ecco: le nazioni hanno un non so quale amore segreto per i vigorosi geni della forza. Di fronte ad ogni atto violento celato dall'artificio sentirete dire con ammirazione ben superiore al biasimo: "Non è bene, d'accordo, ma è abile, ben architettato. È forte.".

Montesquieu - Ritornerete nella parte professionale delle vostre dottrine?

Machiavelli - Niente affatto. Siamo nella fase della loro messa in pratica. Avrei certamente fatto qualche passo in più se non mi aveste costretto a divagare. Continuiamo.

Dialogo Nono

Montesquieu - Vi trovavate all'indomani di una costituzione fatta da voi senza il consenso della nazione.

Machiavelli - Qui vi fermo. Non ho mai preteso di offendere a tal punto le idee preconcette di cui sono a conoscenza.

Montesquieu - Davvero?

Machiavelli - Sto parlando molto seriamente.

Montesquieu - Quindi intendete coinvolgere il concetto di "nazione" nella nuova opera fondamentale che state preparando?

Machiavelli - Sì, certo. Questo vi sorprende? Farò anzi di meglio: farò prima ratificare dal voto popolare il colpo di mano compiuto contro lo Stato. Dirò questo al popolo, nei termini che più mi convengono: "Andava tutto male; ho infranto tutto e vi ho salvato. Me ne volete? Siete liberi di condannarmi o assolvermi con il vostro voto".

Montesquieu - Liberi sotto il peso del terrore e dell'esercito.

Machiavelli - Sarò acclamato.

Montesquieu - Lo credo.

Machiavelli - E il voto popolare, che ho reso strumento del mio potere, diventerà la base stessa del mio governo. Stabilirò un suffragio senza distinzione di classe o di censo, con il quale l'assolutismo sarà subito organizzato.

Montesquieu - Sì, perché in un colpo solo romperete contemporaneamente l'unità della famiglia, svaluterete il suffragio, annullerete la prepotenza dei lumi e trasformerete la maggioranza in un potere cieco da dirigere a piacimento.

Machiavelli - Sto realizzando un progresso a cui tutti i popoli europei aspirano ardentemente: sto organizzando il suffragio universale come Washington negli Stati Uniti, e il primo uso che ne faccio è quello di sottoporvi la mia costituzione.

Montesquieu - Avete intenzione di farla discutere in assemblee primarie o secondarie?

Machiavelli - Oh, per favore, lasciamo lì le vostre idee settecentesche. Sono già superate.

Montesquieu - Come verranno discussi gli articoli organici della vostra costituzione?

Machiavelli - Ma io non intendo affatto discuterli, mi sembrava di avervelo detto.

Montesquieu - Mi sono limitato a seguirvi nel campo dei princìpi che vi siete compiaciuti di scegliere. Mi avete parlato degli Stati Uniti d'America;

non so se siete un nuovo Washington, ma quel che è certo è che l'attuale costituzione degli Stati Uniti è stata discussa, deliberata e votata dai rappresentanti della nazione.

Machiavelli - Per favore, non confondiamo tempi, luoghi e popoli: questa è l'Europa e la mia costituzione che viene presentata in blocco, è accettata in blocco.

Montesquieu - Ma così facendo non nascondete nulla a nessuno. Come può il popolo, votando in queste condizioni, sapere cosa sta facendo e fino a che punto si sta impegnando?

Machiavelli - E dove si è mai visto che una costituzione veramente degna di questo nome, veramente duratura, sia mai stata il risultato di una deliberazione popolare? Una costituzione deve scaturire completamente armata dalla testa di un solo uomo o rimane un'opera condannata al nulla. Senza omogeneità, senza connessione tra le sue parti, senza forza pratica, porterà necessariamente l'impronta di tutte le debolezze di visione che hanno concorso alla sua redazione. Una costituzione, ancora una volta, può essere opera di una sola persona. Le cose non sono mai andate diversamente. Infatti lo testimonia la storia di tutti i fondatori di imperi: l'esempio di Sesostri, Solone, Licurgo, Carlo Magno, Federico II e Pietro I.

Montesquieu - Avete sviluppato un capitolo di uno dei vostri discepoli.

Machiavelli - E di chi?

Montesquieu - Joseph de Maistre. Ci sono alcune considerazioni generali che non sono prive di verità, ma che trovo inapplicabili. Ascoltandola, si potrebbe pensare che voi abbiate l'intenzione di far uscire un popolo dal caos o dalla notte profonda dei suoi primordi. Non sembra ricordare che, nella nostra ipotesi, la nazione ha raggiunto l'apogeo della sua civiltà, che il suo diritto pubblico è fondato e che è in possesso di istituzioni regolari.

Machiavelli - Non ve lo nego. Vedrete anche che non ho bisogno di distruggere le vostre istituzioni da cima a fondo per raggiungere il mio scopo. Mi basterà modificare la loro economia e cambiare le loro combinazioni.

Montesquieu - Potete spiegarmi?

Machiavelli - Avete tenuto prima una lezione di politica costituzionale e intendo farne buon uso. Inoltre, non sono così estraneo, come generalmente si crede in Europa, a tutte queste idee di inclinazione politica come avete visto nei miei discorsi su Tito Livio. Ma torniamo al punto. Lei ha giustamente osservato poco fa che negli Stati parlamentari d'Europa i poteri pubblici erano distribuiti quasi ovunque allo stesso modo tra un certo numero di organi politici la cui regolare interazione costituiva il governo.

Così troviamo ovunque, con nomi diversi ma con attribuzioni più o meno uniformi, un'organizzazione ministeriale, un senato, un organo legislativo, un consiglio di Stato, una corte di cassazione; devo risparmiarvi ogni inutile approfondimento sui rispettivi meccanismi di questi poteri, il cui segreto conoscete meglio di me: è ovvio che ognuno di essi risponde a una funzione essenziale del governo. Noterete che è la funzione che definisco essenziale, non l'istituzione. Quindi ci deve essere un potere di governo, un potere di moderazione, un potere legislativo, un potere normativo, non c'è dubbio su questo.

Montesquieu - Ma, se ho capito bene, ai vostri occhi questi diversi poteri sono uno solo e voi intendete dare tutto questo a un solo uomo abolendo le istituzioni.

Machiavelli - Ancora una volta, è questo che vi inganna. Non si potrebbe fare senza pericolo. Non si potrebbe fare nel vostro Paese in particolare, con il fanatismo che vi regna per quelli che chiamate princìpi dell'89. Ma ascoltatemi: in statica lo spostamento di un punto di appoggio cambia la direzione della forza, in meccanica lo spostamento di una molla cambia il movimento. In apparenza, tuttavia, si tratta dello stesso dispositivo, dello stesso meccanismo. Allo stesso modo, in fisiologia, il temperamento dipende dallo stato degli organi. Se gli organi vengono modificati, il temperamento cambia. Ebbene, le varie istituzioni di cui abbiamo appena parlato funzionano nell'economia governativa come veri e propri organi del corpo umano. Io non toccherò gli organi, essi resteranno, ma l'essenza politica dello Stato sarà mutata. Comprendete?

Montesquieu - Non è difficile, e non c'era bisogno di perifrasi. Voi conservate i nomi e modificate i contenuti. È quello che fece Augusto a Roma quando distrusse la repubblica. C'erano ancora un consolato, un pretorio, una censura e un tribunale ma non c'erano più né consoli, né pretori, né censori, né tribuni.

Machiavelli - Ammettete che si potrebbero scegliere modelli peggiori. In politica si può fare tutto, purché si lusinghino i pregiudizi del pubblico e si rispettino le apparenze.

Montesquieu - Non generalizzate nuovamente, Machiavelli. Eccovi di nuovo all'opera. Vi seguo.

Machiavelli - Non dimenticate le convinzioni personali che sono alla base di ogni mia azione. A mio avviso, i vostri governi parlamentari non sono altro che scuole di disputa, sterili focolai di agitazione in cui si esaurisce l'attività feconda di nazioni condannate all'impotenza dalla tribuna e dalla stampa. Di conseguenza, non ho rimorsi. Io parto da un punto di vista elevato e il mio obiettivo giustifica le mie azioni.

A teorie astratte sostituisco la ragion pratica, l'esperienza di secoli, l'esempio di uomini di genio che hanno fatto grandi cose con gli stessi mezzi. Inizierò con il ridare le sue condizioni vitali al potere. La mia prima riforma riguarda immediatamente la cosiddetta responsabilità ministeriale. In Paesi centralizzati come il vostro, ad esempio, dove l'opinione pubblica istintivamente collega tutto al Capo dello Stato, buono e cattivo, scrivere in testa a una carta che il sovrano è irresponsabile significa mentire al sentimento pubblico, stabilire una finzione che svanirà con il primo rumore di rivoluzione.

Comincio quindi con l'eliminare dalla mia costituzione il principio della responsabilità ministeriale; il sovrano che istituisco sarà unicamente responsabile nei confronti del popolo.

Montesquieu - Finalmente parlate senza mezzi termini.

Machiavelli - Nel vostro sistema parlamentare, i rappresentanti della nazione hanno, come voi mi insegnate, l'iniziativa dei disegni di legge da soli o in concorso con il potere esecutivo. Ebbene, questa è l'origine degli abusi più gravi, perché in un tale ordine di cose, ogni deputato può, in qualsiasi momento, sostituirsi al governo presentando disegni di legge che sono i meno studiati, i meno approfonditi. Che dico? Con l'iniziativa parlamentare, la Camera rovescia il governo quando vuole. Io elimino l'iniziativa parlamentare. La proposta di legge apparterrà solo al sovrano.

Montesquieu - Vedo che state imboccando la strada migliore per la carriera del potere assoluto. In uno Stato in cui l'iniziativa delle leggi appartiene solo al sovrano, è più o meno il sovrano l'unico legislatore. Ma, prima che andiate avanti, vorrei sollevare un'obiezione. Voi volete stabilirvi sulla roccia, e io vi trovo seduto sulla sabbia.

Machiavelli - Che cosa intendete dire?

Montesquieu - Non avete preso il suffragio popolare come base del vostro potere?

Machiavelli - Certo.

Montesquieu - Ebbene, voi siete solo un delegato revocabile per volontà del popolo, nel quale solamente risiede la vera sovranità. Pensavate di poter usare questo principio per mantenere la vostra autorità. Non vi rendete conto che potete essere rovesciati quando volete? D'altra parte, vi siete dichiarati gli unici responsabili; vi aspettate di essere un angelo? Siate pure un angelo, se volete, e sarete comunque incolpato di tutto il male che può accadere, e perirete alla prima crisi.

Machiavelli - Voi anticipate: l'obiezione arriva troppo presto, ma vi risponderò subito, visto che mi costringete a farlo. Vi sbagliate se pensate che io non abbia anticipato l'argomento. Se il mio potere fosse turbato, potrebbe essere solo da fazioni. Sono protetto contro di loro da due diritti essenziali che ho inserito nella mia costituzione.

Montesquieu - Quali sono questi diritti?

Machiavelli - L'appello al popolo, il diritto di porre il Paese in stato d'assedio; sono a capo dell'esercito, ho tutta la forza pubblica nelle mie mani. Alla prima insurrezione contro il mio potere, le baionette mi farebbero vincere la resistenza e troverei nelle urne popolari una nuova consacrazione della mia autorità.

Montesquieu - Ai vostri argomenti non esiste risposta alcuna. Ma torniamo, vi prego, all'organo legislativo che avete istituito. Su questo punto vi vedo in difficoltà. Avete privato questa assemblea del diritto d'iniziativa parlamentare, ma essa ha ancora il diritto di votare le leggi che presenterete per la sua adozione. Contate di lasciarglielo esercitare?

Machiavelli - Siete più complicato di me e vi confesso che non ci vedo nessun inconveniente. Dal momento che nessuno, all'infuori di me, può introdurre una legge, non ho motivo di temere che ne venga fatta una contro il mio potere. Ho la chiave del tabernacolo. Come vi ho già detto, fa parte dei miei piani permettere alle istituzioni di sopravvivere in apparenza. Tuttavia, devo dirvi che non intendo concedere all'Assemblea quello che voi chiamate diritto di emendamento. È ovvio che con l'esercizio di tale facoltà, non c'è legge che non possa essere deviata dal suo scopo originario e la cui economia non possa essere modificata. La legge viene accettata o respinta, non c'è altra alternativa.

Montesquieu - Ma non ci vorrebbe di più per rovesciarvi. Basterebbe che l'assemblea legislativa respingesse sistematicamente tutti i vostri progetti di legge o solamente che rifiutasse le vostre imposte.

Machiavelli - Sapete benissimo che le cose non andranno esattamente così. Una camera, qualsiasi essa sia, che ostacolasse con simile temerarietà l'andamento degli affari pubblici, sarebbe destinata al suicidio. Avrei a disposizione d'altronde altri mille modi per neutralizzare il potere di questa assemblea. Inizierei a dimezzare il numero di rappresentanti e mi troverei, quindi, a dover affrontare solo la metà dei fervori politici. Riserverei a me stesso la nomina dei presidenti e dei vicepresidenti che dirigono i dibattiti. Invece delle sessioni permanenti, ridurrei a qualche mese soltanto la tenuta delle assemblee. Soprattutto farei una cosa che è molto importante e la cui pratica, mi è stato detto, inizia già ad essere introdotta: abolirei la gratuità del mandato legislativo, stabilirei che i deputati ricevessero un emolumento, che le loro funzioni fossero, in qualche modo, stipendiate.

Mi viene da considerare questa innovazione come il modo più sicuro di tenere legati al potere i rappresentanti della nazione. Non approfondirò ulteriormente poiché l'efficacia di questo mezzo si spiega da sola. Aggiungo inoltre che, in qualità del potere esecutivo, ho il diritto di convocare e sciogliere il corpo legislativo e che, in caso di scioglimento, farei intercorrere i periodi di tempo più lunghi possibili, prima di una nuova convocazione. Capisco perfettamente che l'assemblea legislativa non potrebbe, senza pericolo, restare indipendente dal mio potere, ma rassicurati: troveremo altri modi molto più pratici per tenerla legata ad esso. Questi dettagli costituzionali ti bastano o ne vuoi altri?

Montesquieu - Sono più che sufficienti. Passate adesso all'organizzazione del senato.

Machiavelli - Vedo che avete ben compreso che questa era la parte fondamentale della mia opera, la chiave di volta della mia costituzione.

Montesquieu - Non so davvero cosa possiate fare di più, dal momento che vi vedo come il padrone completo dello Stato.

Machiavelli - È facile a dirsi ma, in realtà, la sovranità non potrebbe essere stabilita su basi così superficiali. Accanto al sovrano, ci devono essere organi che si impongono in virtù dei loro titoli, delle loro dignità e per la fama di coloro che li compongono. Non è bene che la persona del sovrano sia sempre in gioco, che la sua mano si scorga ovunque: la sua azione deve, se necessario, potersi nascondere dietro l'autorità delle grandi magistrature che circondano il trono.

Montesquieu - È chiaro che tu attribuisca questo ruolo al senato e al consiglio di Stato.

Machiavelli - Non vi si può nascondere nulla.

Montesquieu - Voi parlate del trono: vedo che siete un re e che poco fa eravamo in una repubblica. Non vi siete curati molto della transizione.

Machiavelli - L'illustre pubblicista francese non può chiedermi di soffermarmi su tali dettagli. Dal momento che detengo il potere nelle mie mani, il momento in cui sarò proclamato re non è altro che una questione di opportunità. Lo farò prima o dopo aver promulgato la mia costituzione, non importa.

Montesquieu - È vero. Torniamo all'organizzazione del senato.

Dialogo Decimo

Machiavelli - Durante gli approfonditi studi che avete dovuto compiere per comporre la vostra memorabile opera sulle *Causes de la grandeur et la décadence des Romains* non è che voi non abbiate sottolineato il ruolo che giocava il senato presso gli imperatori a partire dal regno di Augusto.

Montesquieu - Si tratta di un punto, se mi permettete, che la ricerca storica non mi sembra abbia chiarito completamente. Quel che è certo è che fino agli ultimi giorni della repubblica, il senato romano era stato un'istituzione autonoma, dotata di immensi privilegi e di poteri propri. Quello era il segreto del suo potere, della profondità delle sue tradizioni politiche e della grandezza che infondeva nella repubblica. Dall'epoca di Augusto in poi, il senato non fu altro che uno strumento nelle mani degli imperatori, ma non è chiaro con quale successione di atti essi pervennero a spogliarlo del suo potere.

Machiavelli - Non è proprio per chiarire questo punto della storia che vi prego di riportarvi a questo periodo dell'impero. La questione, per il momento, non mi preoccupa. Volevo solo dirvi che il senato che io concepisco dovrebbe svolgere, accanto al Principe, un ruolo politico simile a quello del senato romano nei tempi che seguirono la caduta della repubblica.

Montesquieu - Bene, ma a quell'epoca la legge non veniva più votata nei comizi popolari, ma veniva creata per senatoconsulto. È questo che volete?

Machiavelli - No. Non sarebbe conforme ai moderni principi del diritto costituzionale.

Montesquieu - Quale ringraziamento vi è dovuto per questo scrupolo!

Machiavelli - Del resto, non ne ho bisogno per emanare le norme che mi sembrano necessarie. Ogni disposizione di legge, lo sapete, non deriva che dalla mia volontà e promulgo decreti che hanno forza di legge.

Montesquieu - È vero, avevate dimenticato questo punto, che tuttavia non è insignificante. Ho un dubbio però: che funzione riservate al senato?

Machiavelli - Posto nelle più alte sfere costituzionali, il suo intervento diretto deve apparire solo in circostanze solenni: se fosse necessario, per esempio, porre mano alle leggi fondamentali, o se la sovranità fosse messa in pericolo.

Montesquieu - Questo linguaggio è ancora molto ermetico. Vi piace ricercare l'effetto.

Machiavelli - L'idea fissa dei vostri moderni costituenti è stata, finora, quella di voler prevedere tutto, di regolare tutto nei documenti concessi al popolo. Io non cadrei in questo errore, non vorrei rinchiudermi in un circolo vizioso. Fisserei solo ciò che è impossibile lasciare incerto, lascerei ai cambiamenti una strada abbastanza larga perché, nelle grandi crisi, ci siano altri mezzi di salvezza che il disastroso espediente delle rivoluzioni.

Montesquieu - Parlate come un uomo saggio.

Machiavelli - E per quanto riguarda il senato, scriverei la mia costituzione: "Che il senato regoli, mediante un senatoconsulto, tutto ciò che non è stato previsto dalla costituzione e che è necessario per il suo progresso. Che esso fissi il significato degli articoli della costituzione che darebbero adito a diverse interpretazioni, che mantenga o annulli tutti gli atti che gli vengono deferiti come anticostituzionali dal governo o denunciati da petizioni di cittadini. Che possa porre le basi di disegni di legge di grande interesse nazionale e che possa proporre modifiche alla costituzione e che siano decise da un senatoconsulto".

Montesquieu - Tutto questo è molto bello e ricorda davvero un senato romano. Vorrei solo fare alcune osservazioni sulla vostra costituzione: sarà quindi redatta in termini molto vaghi e ambigui, in modo da poter giudicare in anticipo che gli articoli in essa contenuti possono essere aperti a diverse interpretazioni.

Machiavelli - No, ma bisogna prevedere tutto.

Montesquieu - Pensavo che, al contrario, il vostro principio fosse quello di evitare di prevedere e regolare tutto.

Machiavelli - Non senza profitto l'illustre presidente ha frequentato il palazzo di Temi, né inutilmente ha indossato il tocco di magistrato. Le mie parole non hanno voluto dire che questo: dobbiamo prevedere ciò che è essenziale.

Montesquieu - Ditemi, per favore: il vostro senato, interprete e custode del patto fondamentale, ha qualche potere proprio?

Machiavelli - Senza dubbio no.

Montesquieu - Quindi, qualunque cosa faccia il senato, sarete voi a farla?

Machiavelli - Non lo nego.

Montesquieu - Ciò che esso interpreterà, sarete dunque voi a interpretarlo, ciò che modifica sarete voi a modificarlo e ciò che annulla, sarete voi ad annullarlo?

Machiavelli - Non me ne vergogno.

Montesquieu - Sarebbe a dire che vi riservate il diritto di disfare ciò che avete fatto, di togliere ciò che avete dato, di cambiare la vostra costituzione, sia in meglio che in peggio o, addirittura, di farla scomparire, se lo reputate necessario. Non mi sento di giudicare le vostre intenzioni né i moventi che potrebbero farvi agire in tale o tal'altra circostanza. Vi sto soltanto chiedendo dove sia la pur minima garanzia per i cittadini, in mezzo ad un così ampio arbitrio e come, soprattutto, essi potrebbero mai scegliere di subirlo.

Machiavelli - Vedo che la vostra sensibilità filosofica sta tornando. Siate certo che non apporterei alcuna modifica alle basi fondamentali della mia costituzione senza sottoporla al consenso del popolo attraverso il suffragio universale.

Montesquieu - Ma sareste comunque voi a giudicare se la modifica che proponete ha in sé il carattere fondamentale che la deve sottoporre alla sanzione del popolo. Spero tuttavia che non deciderete per decreto o con un senatoconsulto ciò che deve essere fatto con un plebiscito. Metterete in discussione i vostri emendamenti costituzionali? Li farete deliberare in comizi popolari?

Machiavelli - Senza dubbio no: se mai il dibattito sugli articoli costituzionali si tenesse davanti ad assemblee popolari, nulla potrebbe impedire al popolo di prendere in esame l'insieme in virtù del suo diritto di evocazione. Il giorno dopo, ci scommetto, ci sarebbe una rivoluzione nelle strade.

Montesquieu - Voi siete molto logico, Machiavelli. Quindi gli emendamenti costituzionali sono presentati in blocco e accettati in blocco?

Machiavelli - Proprio così.

Montesquieu - Bene, credo che possiamo passare all'organizzazione del consiglio di Stato.

Machiavelli - State davvero dirigendo i dibattiti con la consumata precisione del presidente di un tribunale sovrano. Avevo dimenticato di dirvi che stipendierei il senato al pari della camera legislativa.

Montesquieu - Beninteso.

Machiavelli - Non occorre aggiungere che mi riserverei la nomina dei presidenti e vicepresidenti di tale assemblea, ma per quanto concerne il consiglio di Stato, sarò molto più breve.
Le vostre istituzioni moderne sono strumenti di centralizzazione tanto potenti che rimane quasi impossibile servirsene senza esercitare l'autorità sovrana.

Che cos'è, infatti, seguendo i vostri principi, il consiglio di Stato? Null'altro che un simulacro di corpo politico, destinato a consegnare nelle mani del principe un considerevole potere, il potere regolamentare, che è una sorta di potere discrezionale che può servire, quando si vuole, a promulgare leggi.

Mi è stato inoltre riferito che nel vostro Paese il consiglio di Stato è dotato di una funzione speciale e forse ancora più esorbitante. In materia di contenzioso, esso, può, mi si assicura, rivendicare per diritto di avocazione, recuperare autorità, davanti ai tribunali ordinari, la conoscenza di tutte le liti che gli siano parse avere carattere amministrativo. Così, e per descrivere in una parola quanto di eccezionale vi sia in quest'ultima attribuzione, i tribunali devono rifiutarsi di giudicare qualora si trovino in presenza di un atto dell'autorità amministrativa e, in questo caso, l'autorità amministrativa stessa può dichiarare incompetenti i tribunali e riferirsi direttamente al consiglio di Stato per la decisione.

Ora, ancora una volta, di cosa si tratta il consiglio di Stato? Ha un proprio potere? È indipendente dal sovrano? Neanche per sogno. È semplicemente un comitato di redazione. Quando il consiglio di Stato emana un regolamento, è il sovrano che lo emana. Quando invece esprime un giudizio, è il sovrano stesso che lo esprime, o, come si dice oggi, è l'amministrazione, l'amministrazione giudice e parte della sua propria causa. Pensate davvero che ci sia molto da fare per fondare un potere assoluto in Stati ove simili istituzioni siano così perfettamente organizzate?

Montesquieu - La vostra critica è abbastanza giusta, ne convengo. Tuttavia, dal momento che il consiglio di Stato è di per sé un'istituzione eccellente, non c'è niente di più facile che dargli la necessaria indipendenza isolandolo, in una certa misura, dal potere. Non è questo che farete senza dubbio.

Machiavelli - Infatti, io conserverò il carattere dell'unità nelle istituzioni in cui l'avrò trovato e, dove non esiste, lo introdurrò rafforzando i legami di una solidarietà che io giudico indispensabile.

Come vedete, non ci siamo fermati a metà strada. La mia costituzione è infatti ormai completa.

Montesquieu - Già fatta?

Machiavelli - Un piccolo numero di combinazioni abilmente ordinate è sufficiente per cambiare completamente il corso del potere. Questa parte del mio programma è conclusa.

Montesquieu - Pensavo che doveste ancora parlarmi della Corte di Cassazione.

Machiavelli - Ritengo sia meglio farlo poco più avanti.

Montesquieu - È vero che se valutiamo la somma dei poteri nelle vostre mani, dovete cominciare ad essere soddisfatto.

Ricapitoliamo:

Voi fate la legge nei seguenti modi:
a) sotto forma di proposizione al corpo legislativo
b) sotto forma di decreto
c) sotto forma di senatoconsulto
d) sotto forma di regolamenti generali
e) sotto forma di sentenze del consiglio di Stato
f) sotto forma di regolamenti ministeriali
g) infine sotto forma di colpo di Stato.

Machiavelli - Non vi viene il dubbio che mi resta da compiere la parte più difficile?

Montesquieu - A dire il vero, no.

Machiavelli - Non avete considerato abbastanza che la mia costituzione era muta rispetto ad una miriade di diritti acquisiti che sarebbero stati incompatibili con il nuovo ordine appena costituito. Faccio riferimento alla libertà di stampa, al diritto di associazione, all'indipendenza della magistratura, al diritto di voto, all'elezione popolare dei consigli municipali, all'istituzione della guardia civica e a molte altre cose ancora che dovranno sparire o almeno essere profondamente cambiate.

Montesquieu - Ma non avete forse riconosciuto implicitamente tutti questi diritti, dal momento che avete riconosciuto solennemente i princìpi di cui sono solo l'applicazione?

Machiavelli - Ve l'ho detto: non ho riconosciuto alcun principio o diritto in particolare; inoltre, le misure che sto per prendere sono solo eccezioni alla regola.

Montesquieu - Ed eccezioni che la confermano, appunto.

Machiavelli - Ma, per fare questo, devo scegliere bene il mio momento, perché un errore di opportunità può far perdere tutto. Nel trattato *Il Principe* ho scritto una massima che dovrebbe servire come regola di comportamento in questi casi: "Occorre che l'usurpatore di uno Stato usi una volta soltanto e non di più, tutta la durezza necessaria alla propria sicurezza. Dopo, infatti, non potrà più cambiare con i suoi sudditi né in bene né in male. Se volesse agire male, non sarebbe più in tempo poiché la fortuna gli sarebbe contraria. Se volesse agire bene, i sudditi non apprezzerebbero un cambiamento che giudicherebbero forzato".

Il giorno stesso della promulgazione della mia costituzione, emetterò una successione di decreti aventi forza di legge, che aboliranno subito le libertà e i diritti il cui esercizio sarebbe pericoloso.

Montesquieu - Il momento è davvero ben scelto. Il Paese è ancora scosso dal terrore del vostro colpo di Stato. Non vi è stato rifiutato nulla per la vostra costituzione, poiché potevate prendere tutto. Per i vostri decreti non vi è stato concesso nulla, poiché non chiedete nulla e prendete tutto.

Machiavelli - Avete parole pungenti Montesquieu, lo ammetto. Bravo.

Montesquieu - Un po' meno, però, di quanto voi abbiate l'azione, ne convenite? Malgrado il vostro vigore e le vostre abilità, stento tuttavia a credere che il Paese non si solleverà di fronte a questo secondo colpo di Stato tenuto in riserva dietro le quinte.

Machiavelli - Il Paese chiuderà volontariamente gli occhi, perché, nell'ipotesi che ho avanzato, è stanco dell'agitazione, anela al riposo come la sabbia del deserto dopo la pioggia che segue la tempesta.

Montesquieu - Iniziate ad usare anche figure retoriche Machiavelli! È troppo!

Machiavelli - Aggiungo inoltre che prometterò solennemente di restituire le libertà soppresse non appena le fazioni saranno pacificate.

Montesquieu - Aspetteremo all'infinito allora.

Machiavelli - È possibile.

Montesquieu - È certo! I vostri princìpi permettono al principe di non mantenere la parola quando ciò gli giova.

Machiavelli - Non siate precipitosi nel pronunciarvi. Vedrete che uso farò di questa promessa; presto sarò conosciuto come l'uomo più liberale del mio regno.

Montesquieu - Ecco una sorpresa alla quale non sono preparato. Nel frattempo, state sopprimendo direttamente tutte le libertà.

Machiavelli - "Direttamente" non è un termine da uomo di Stato. Io non sopprimo niente direttamente ed è proprio qui che la volpe deve unirsi al leone. A che servirebbe la politica se non ad ottenere per vie traverse lo scopo che non si può raggiungere direttamente? Le fondamenta del mio edificio sono ormai gettate, le forze sono pronte, non ci rimane che metterle in moto. Lo farò con tutti i riguardi previsti dai nuovi costumi costituzionali. È qui che entrano in gioco gli artifici di governo e di legislazione che la prudenza raccomanda al principe.

Montesquieu - Vedo che stiamo entrando in una nuova fase: sono pronto ad ascoltarvi.

Dialogo Undicesimo

Machiavelli - Nell'*Esprit des lois,* voi sottolineate giustamente che la parola libertà è una parola a cui vengono attribuiti significati molto diversi. Nella sua opera, leggiamo la seguente dicitura:

"La libertà è il diritto di fare ciò che le leggi permettono".

Mi trovo molto allineato con questa definizione, che ritengo giusta, e posso assicurarvi che le mie leggi permetteranno solo ciò che è necessario. Lo vedrete da voi. Da dove vuole che cominciamo?

Montesquieu - Non mi dispiacerebbe vedere prima come vi difenderete dalla stampa.

Machiavelli - State davvero mettendo il dito nella parte più delicata del mio compito. Il sistema che ho escogitato a questo proposito è tanto vasto quanto numeroso nelle sue molteplici applicazioni. Per fortuna, qui ho libertà di azione. Posso tagliare e affettare in tutta sicurezza e quasi senza sollevare alcuna recriminazione.

Montesquieu - Perché, spiegatemi.

Machiavelli - Perché, nella maggior parte dei regimi parlamentari, la stampa ha il talento di farsi odiare, perché serve sempre e solo passioni violente, egoistiche, esclusive; perché denigra per partito preso, perché è venale, perché è ingiusta, perché è priva di generosità e di patriottismo;

infine, e soprattutto, perché non riuscirete mai a far capire alla grande massa di un Paese a cosa può servire.

Montesquieu - Oh, Machiavelli! Se cercate lamentele contro la stampa, vi sarà molto facile trovarne. Se vi chiedete a cosa possa servire, la questione invece è un'altra. Semplicemente, impedisce l'arbitrarietà nell'esercizio del potere, costringe a governare in modo costituzionale, obbliga all'onestà, alla modestia e al rispetto di se stessi e degli altri da parte di coloro che esercitano l'autorità pubblica. In breve, dà a chiunque sia oppresso i mezzi per lamentarsi ed essere ascoltato. Molto si può perdonare ad un istituto che, malgrado gli abusi, rende tali servigi.

Machiavelli - Sì, conosco questa arringa, ma fatelo capire, se potete, alla maggioranza della gente. Contate coloro che saranno interessati alla sorte della stampa, e vedrete.

Montesquieu - Ecco perché è meglio che passiate subito ai mezzi pratici per tappargli la bocca. Credo che questa sia la parola giusta.

Machiavelli - È proprio questa la parola. Inoltre, non è solo il giornalismo che intendo frenare.

Montesquieu - È la tipografia nel suo complesso.

Machiavelli - State cominciando a usare l'ironia?

Montesquieu - Tra poco me la porterete via, visto che incatenerete la stampa in ogni modo.

Machiavelli - Non ci sono armi contro simili amenità. Capirete bene che non varrebbe la pena di sfuggire agli attacchi del giornalismo se doveste rimanere un bersaglio per quelli del libro.

Montesquieu - Bene, cominciate dal giornalismo.

Machiavelli - Se decidessi di sopprimere i giornali in modo puro e semplice, offenderei molto incautamente la suscettibilità pubblica, che è sempre pericoloso sfidare apertamente. Procederò con una serie di disposizioni che sembreranno semplici misure di prevenzione e di controllo. Stabilisco che in futuro nessun giornale potrà essere fondato senza l'autorizzazione del governo: ecco già il male arrestato nel suo sviluppo, perché si può facilmente immaginare che i giornali che saranno autorizzati in futuro non potranno che essere organi dedicati al governo.

Montesquieu - Ma, visto che vi addentrate in tutti questi dettagli, permettetemi: lo spirito di un giornale cambia con la sua redazione. Come potrete tenere fuori una redazione ostile al vostro potere?

Machiavelli - L'obiezione è molto debole, perché, alla fine, non autorizzerò la pubblicazione di nessun nuovo foglio; ma ho altri piani, come vedrete. Mi chiedete come farò a neutralizzare una redazione ostile? Nel modo più semplice, ovvio. Aggiungo che è necessaria l0autorizzazione del governo per qualsiasi cambiamento nel personale dei caporedattori o dei dirigenti del giornale.

Montesquieu - Ma i vecchi giornali, che sono rimasti nemici del vostro governo e la cui redazione non è cambiata, parleranno.

Machiavelli - Aspettate: prenderò di mira tutti i giornali, presenti o futuri, con misure fiscali che freneranno le imprese pubblicistiche in modo adeguato e sottoporrò i giornali politici a quello che oggi chiamate il bollo e il vincolo. L'industria della stampa sarà presto così poco redditizia, grazie all'aumento di queste tasse, che si starà molto attenti prima di dedicarvisi.

Montesquieu - Il rimedio è insufficiente, perché i partiti politici non guardano al denaro.

Machiavelli - State tranquilli, ne ho abbastanza per tappar loro la bocca; ecco a voi le misure repressive. Ci sono Stati in Europa in cui la conoscenza dei reati di stampa è stata deferita alla giuria. Non conosco misura più deplorevole di questa, perché significa fomentare l'opinione pubblica su una minima inezia giornalistica. I reati di stampa hanno un carattere talmente elastico che gli scrittori possono camuffare i loro attacchi in modi così vari e sottili, che non è nemmeno possibile rinviare la conoscenza di questi reati ai tribunali. I tribunali saranno sempre armati, questo è ovvio, ma l'arma repressiva della vita quotidiana deve essere nelle mani dell'amministrazione.

Montesquieu - Quindi ci saranno reati che non saranno portati davanti ai tribunali, o piuttosto colpirete con due mani: la mano della giustizia e quella dell'amministrazione?

Machiavelli - Il grande male! Quanta sollecitudine, per qualche cattivo e infido giornalista che si permette di attaccare e denigrare ogni cosa, che si comporta col governo come quei banditi che i viaggiatori incontrano.

Montesquieu - Quindi è solo su di loro che ricadrà il vostro rigore? Per strada armi in pugno! Essi si pongono incessantemente al di fuori della legge. Li metteremo al loro posto finalmente!

Machiavelli - Non posso impegnarmi in questo senso, perché questa gente è come le teste dell'Idra: quando ne tagli dieci, ne ricrescono cinquanta. Sono soprattutto i giornali, in quanto aziende pubblicitarie, che attaccherei. Direi loro semplicemente quanto segue: "Avrei potuto farvi fuori tutti, ma non l'ho fatto. Posso ancora farlo, vi lascerò vivere, ma va da sé che è a una condizione, cioè che non intralciate il mio progresso e non gettiate discredito sul mio potere. Non voglio dovervi portare in tribunale ogni giorno, né dover commentare continuamente la legge per punire le vostre infrazioni, né posso avere un esercito di censori incaricati di esaminare il giorno prima ciò che pubblicherete il giorno dopo. Avete le penne, scrivete! Ma ricordate questo: mi riservo, per me e per i miei agenti, il diritto di giudicare quando vengo attaccato. Niente sottigliezze. Quando mi attaccherete, lo sentirò bene e lo sentirete bene anche voi. In quel caso, mi farò giustizia da solo, non subito, perché voglio essere gentile; vi avvertirò una volta, due volte, ma la terza volta vi toglierò di mezzo".

Montesquieu - Vedo con stupore che non è proprio il giornalista a essere colpito da questo sistema, ma il giornale, la cui rovina porta con sé la rovina degli interessi che si sono raggruppati intorno ad esso.

Machiavelli - Che si raggruppino altrove. Noi non ci occupiamo di queste cose. La mia amministrazione colpirebbe quindi, come vi ho appena detto, indipendentemente, beninteso, dalle condanne dei tribunali. Due condanne nel corso di un anno porterebbero automaticamente alla soppressione del giornale. Non mi fermerei qui; direi anche ai giornali, naturalmente in un decreto o in una legge: "Ridotti alla più stretta circospezione, non sperate di agitare l'opinione pubblica con i commenti sui dibattiti delle mie camere; ve ne proibisco i resoconti, vi proibisco anche i resoconti dei dibattiti giudiziari in materia di stampa". Non contate inoltre di impressionare l'opinione pubblica con presunte notizie provenienti da fuori: punirei con pene corporali le notizie false, siano esse pubblicate in buona o cattiva fede.

Montesquieu - Mi sembra un po' severo, perché alla fine i giornali non potranno più, senza il massimo rischio, indulgere in valutazioni politiche e difficilmente potranno vivere di sole notizie. Ora, quando un giornale pubblica una notizia, mi sembra molto difficile costringerlo alla verità: spesso, il più delle volte, non sarà in grado di risponderne con certezza, e quando sarà moralmente sicuro della verità, gli mancheranno le prove materiali.

Machiavelli - Ci si penserà due volte, prima di disturbare l'opinione pubblica, questo è ciò che serve.

Montesquieu - Mi accorgo anche di un'altra cosa. Se non vi si potrà più combattere con i giornali interni, vi si combatterà con quelli esteri. Di ogni malcontento, di tutti gli odi, si scriverà alle porte del vostro regno; si costruirà così la frontiera dei giornali e degli scritti di fuoco.

Machiavelli - Oh, state toccando un punto che intendo regolamentare nel modo più rigoroso, poiché la stampa estera è davvero molto pericolosa. Innanzitutto, qualsiasi introduzione o diffusione nel regno di giornali o scritti non autorizzati sarà punita con la prigione con una pena che sarà sufficientemente severa da togliere il desiderio di farlo. Inoltre, i miei sudditi che avranno scritto all'estero contro il governo, al loro ritorno nel regno saranno ricercati e puniti. È davvero indegno scrivere all'estero contro il proprio governo.

Montesquieu - Dipende. Ma la stampa estera degli Stati confinanti parlerà.

Machiavelli - Lo credete anche voi? Supponiamo che io regni in un grande Stato. I piccoli Stati vicini alla mia frontiera tremeranno, ve lo assicuro. In caso di attacchi contro il mio governo, portati a mezzo della stampa o in altro modo, risponderò con leggi persecutorie nei confronti dei cittadini di quegli Stati.

Montesquieu - Ho avuto ragione a dire, nell'*Esprit des lois*, che le frontiere di un despota dovevano essere devastate. La civiltà non deve penetrarvi. I vostri sudditi, ne sono certo, non conosceranno la loro storia. Per dirla con Benjamin Constant, trasformerete il regno in un'isola dove nessuno saprà cosa succede in Europa, e la capitale in un'altra isola dove nessuno saprà cosa succede nelle province.

Machiavelli - Non voglio che il mio regno sia agitato da rumori provenienti dall'esterno. Ma riflettiamo bene, come arrivano le notizie estere? Attraverso un piccolo numero di agenzie che centralizzano le informazioni inviate loro dai quattro angoli del mondo. Bene, deve essere possibile corrompere queste agenzie, che, da quel momento in poi, daranno solo notizie sotto il controllo del governo.

Montesquieu - Bene; ora potete passare al controllo dell'editoria.

Machiavelli - Devo ammettere che ciò mi preoccupa molto meno perché, in un periodo in cui il giornalismo ha avuto così grande sviluppo, i libri non si leggono quasi più. Non intendo tuttavia spianar loro la strada, attenzione! In primo luogo, obbligherò coloro che vogliono intraprendere l'attività di tipografi, editori o librai a munirsi di un brevetto, ossia di un'autorizzazione che il governo potrà in qualsiasi momento sospendere, sia direttamente, sia con una sentenza.

Montesquieu - Ma allora questi imprenditori saranno una sorta di funzionari pubblici. Gli strumenti del pensiero diventeranno strumenti del potere!

Machiavelli - Non ve ne lamenterete, spero, dal momento che anche ai vostri tempi, sotto i parlamenti, le cose stavano così. Bisognerebbe sempre conservare le antiche usanze quando sono buone. Per quanto riguarda le misure fiscali, estenderò ai libri il bollo che colpisce i giornali, o, meglio, imporrò il gravame del bollo ai libri che non supereranno un certo numero di pagine. Per esempio, un libro che non avrà due o trecento pagine, non sarà un libro. La farò passare semplicemente come brossura.

Credo che tu colga perfettamente i vantaggi di tale meccanismo: da un lato, mediante l'imposizione fiscale, questa densa nebulosa di piccoli scritti simili a manoscritti, svanirà a poco a poco. Dall'altra costringo coloro che intendono sottrarsi al bollo a gettarsi in componimenti lunghi e dispendiosi che non si venderanno quasi più o che si leggeranno appena. Non vi sono oggi che poveri diavoli che hanno voglia di scrivere libri: li costringerò a rinunciarvi. Il fisco scoraggerà la vanità letteraria e il codice penale ridurrà all'impotenza la tipografia stessa, giacché renderò l'editore e lo stampatore penalmente responsabili del contenuto dei libri. Se vi sono scrittori abbastanza arditi da scrivere qualcosa contro il governo, bisogna che non trovino nessuno che pubblichi i loro libri.

Questa salutare intimidazione reintrodurrà indirettamente quella censura che il governo non poteva esercitare in prima persona per il discredito che su tale misura è stato gettato. Prima di dare alle stampe opere nuove, i tipografi e gli editori si consulteranno, si informeranno e produrranno all'autorità i libri dei quali si chiede loro la pubblicazione. In questo modo, il governo sarà sempre informato delle pubblicazioni che si stanno preparando contro di lui e, quando poi lo giudicherà opportuno, le sequestrerà in maniera preventiva e ne deferirà gli autori ai tribunali.

Montesquieu - Voi mi avevate assicurato che non avrebbe toccato i diritti civili. Non sembrate sospettare che è la libertà di impresa che avete appena colpito con questa legislazione; è lo stesso diritto di proprietà che viene leso e che verrà a sua volta messo in discussione.

Machiavelli - Sono soltanto parole.

Montesquieu - Allora, avete finito con la stampa?

Machiavelli - Oh, niente affatto.

Montesquieu - Che ne rimane ancora?

Machiavelli - L'altra metà del compito.

Dialogo Dodicesimo

Machiavelli - Vi ho mostrato solo la parte un po' difensiva del regime organico che imporrei alla stampa. Ora devo mostrarvi come userei questa istituzione a vantaggio del mio potere. Oserei dire che nessun governo ha avuto finora una concezione più audace di quella di cui sto per parlarvi. Nei Paesi a regime parlamentare, è quasi sempre attraverso la stampa che i governi perdono. Qui, io intravedo la possibilità di neutralizzare la stampa attraverso la stampa stessa. Dal momento che il giornalismo è una forza così potente, sapete cosa farebbe il mio governo? Diventerebbe un giornalista, sarebbe l'incarnazione del giornalismo.

Montesquieu - Davvero, non fate che sorprendermi! Spiegate davanti ai miei occhi un panorama sempre differente. Sono piuttosto curioso, lo confesso, di vedere come realizzerete questo nuovo programma.

Machiavelli - Ci vorrà molta meno immaginazione di quanto pensiate. Conterò il numero di giornali che rappresenteranno quella che voi chiamate l'opposizione. Se sono dieci per l'opposizione, ne avrò venti per il governo. Se sono venti, ne avrò quaranta. Se sono quaranta, ne avrò ottanta. Questo è l'uso che farò, come ormai avrete capito perfettamente, del potere che mi sono riservato di autorizzare la creazione di nuovi fogli politici.

Montesquieu - In effetti, è molto semplice.

Machiavelli - Non tanto quanto pensate, però, perché la massa del pubblico non deve poter sospettare questa tattica. Il meccanismo salterebbe e l'opinione pubblica non darebbe più credito ai giornali che difendono apertamente la mia politica. Dividerò i giornali dedicati al mio potere in tre o quattro categorie. Nella prima categoria metterò un certo numero di giornali il cui tono sarà francamente ufficiale e che, in tutti gli incontri, difenderanno ad oltranza le mie azioni. Non sono questi, comincio col dirvi, quelli che avranno maggiore influenza sull'opinione pubblica. Al secondo posto metterò un'altra schiera di giornali il cui carattere sarà già ufficioso e la cui missione sarà quella di raccogliere al mio potere quella massa di uomini tiepidi e indifferenti che accettano senza scrupoli ciò che è stabilito, ma non vanno oltre al loro credo politico. È nelle categorie di giornali che seguono che si troveranno le leve più forti del mio potere. Qui, la sfumatura ufficiale o ufficiosa si confonde completamente, in apparenza, perché i giornali di cui vi parlerò saranno tutti legati dalla stessa catena al mio governo, una catena che è visibile per alcuni e invisibile per altri. Non mi impegno a dirvi quanti saranno, perché avrò un organo dedicato per ciascuna opinione, per ciascun partito. Avrò un organo aristocratico nel partito aristocratico, un organo repubblicano nel partito repubblicano, un organo rivoluzionario nel partito rivoluzionario, un organo anarchico, se necessario, nel partito anarchico. Come il dio Vishnu, la mia stampa avrà cento braccia, e queste braccia daranno una mano ad ogni sfumatura di opinione su tutta la superficie del Paese. La gente sarà del mio partito senza saperlo. Chi pensa di parlare la sua lingua parlerà la mia, chi pensa di agitare il suo partito agiterà il mio, chi pensa di marciare sotto la sua bandiera marcerà sotto la mia.

Montesquieu - Sono concezioni realizzabili o fantasie? Mi vengono le vertigini.

Machiavelli - Non affaticare troppo la mente, siamo solo all'inizio.

Montesquieu - Mi chiedo solo come riuscirete a dirigere e a radunare tutte queste milizie pubblicistiche clandestinamente imbeccate dal vostro governo.

Machiavelli - È solo una questione di organizzazione, capite? Istituirò, per esempio, con il nome di divisione dell'editoria e stampa, un centro d'azione comune dove si chiederanno istruzioni e da dove partirà il segnale. A quel punto, per coloro che conosceranno solo a metà il segreto di questa combinazione, si assisterà ad uno strano spettacolo: vedremo dei foglietti, devoti al mio governo, che mi attaccheranno, urleranno, mi creeranno una serie di problemi.

Montesquieu - Questo è al di là della mia portata: inizio a comprenderci ben poco, Machiavelli.

Machiavelli - Non è tuttavia così difficile da concepire perché dovete notare che né i fondamenti né i principi del mio governo saranno mai attaccati dai giornali di cui vi parlo. Essi non provocheranno che scaramucce, non faranno che un'opposizione dinastica in un ambito molto ristretto.

Montesquieu - E quale vantaggio ne trarrete?

Machiavelli - La vostra domanda è piuttosto ingenua. Il risultato, che è già veramente notevole, sarà quello di far dire alla maggioranza: "Si vede che siamo liberi, che possiamo parlare sotto questo regime, che è ingiustamente attaccato, che invece di comprimere, come potrebbe fare, subisce, tollera!". Un altro risultato, non meno importante, sarà quello di provocare osservazioni come queste: "Guardate fino a che punto i fondamenti di questo governo, i suoi princìpi, godono del rispetto di tutti; qui ci sono giornali che si permettono le più grandi libertà di parola, ebbene, non attaccano mai le istituzioni stabilite. Senza dubbio esse sono al di sopra delle parti, poiché gli stessi nemici del governo non possono che portare loro rispetto".

Montesquieu - Ecco qualcosa di veramente machiavellico.

Machiavelli - Mi fate un grande onore, ma c'è di più: con l'aiuto dei legami occulti con questi giornali, posso dire che dirigo l'opinione a mio piacimento in tutte le questioni di politica interna o estera. Suscito o cullo gli animi, li rassicuro o li sconcerto, discuto il pro e il contro, vero e falso. Do una notizia e la faccio smentire a seconda delle circostanze: in questo modo scandaglio il pensiero pubblico, raccolgo l'impressione prodotta, sperimento combinazioni, progetti, decisioni improvvise, insomma quelli che in Francia chiamate *ballon d'essai*. Combatto i miei nemici a mio piacimento senza mai compromettere il mio potere, dal momento che, dopo aver fatto parlare questi giornali, posso, se necessario, condannarli duramente; induco l'opinione per certe decisioni, la spingo o la trattengo, ne tasto costantemente il polso: essa riflette, senza saperlo, le mie impressioni personali, e a volte si meraviglia di essere così costantemente in accordo con il proprio sovrano. Si dirà allora che io abbia un temperamento popolare, che esiste una segreta e misteriosa affinità che mi unisce al mio popolo.

Montesquieu - Questi diversi meccanismi mi sembrano idealmente perfetti. Tuttavia, vorrei fare un'altra osservazione, ma molto più timida questa volta: se vi distaccate dal silenzio della Cina, se permettete alla schiera dei vostri giornali di fare, a vantaggio dei vostri disegni, l'opposizione posticcia di cui mi avete parlato, non vedo come, in verità, potrete impedire ai giornali che non stanno dalla vostra parte di rispondere con veri fendenti a quelli falsi a cui avranno indovinato gli intrighi. Non credete che finiranno per sollevare alcuni dei veli che coprono tanti congegni misteriosi? Quando conosceranno il segreto di questa commedia, potrete impedirgli di ridere? Il gioco mi sembra assai arduo.

Machiavelli - Niente affatto. Vi confesserò che ho passato gran parte del mio tempo qui a esaminare i punti di forza e di debolezza di queste combinazioni, ed ho imparato molto sulle condizioni di esistenza della stampa nei Paesi parlamentari. Dovete sapere che il giornalismo è una sorta di massoneria: coloro che si guadagnano da vivere sono tutti più o meno legati l'uno all'altro da vincoli di discrezione professionale. Come gli antichi aruspici non divulgano facilmente il segreto dei loro oracoli. Non guadagnerebbero nulla a tradirsi, perché la maggior parte di loro ha ferite più o meno vergognose. È molto probabile, ne convengo, che nel centro della capitale, in un certo ambiente sociale, queste cose non saranno un segreto ma dappertutto non ci sarà alcun sospetto, e la stragrande maggioranza della nazione camminerà con la massima fiducia sulle linee guida che avrò dato loro.

Che cosa mi importa se nella capitale qualcuno possa essere a conoscenza degli artifici del mio giornalismo? La maggior parte della sua influenza è riservata alle province. Lì avrò sempre la temperatura di opinione di cui ho bisogno, ed ogni mio tentativo avrà sicuramente un effetto. La stampa provinciale mi apparterrà nella sua interezza. Lì non è possibile alcuna contraddizione o discussione e dal centro dell'amministrazione in cui siederò, verranno regolarmente trasmessi ordini al governatore di ogni provincia affinché i giornali parlino in un senso o nell'altro, in modo che alla stessa ora, su tutta la superficie del Paese, si produca una certa influenza, si dia tale e tale impulso, molto spesso anche prima che la capitale se ne accorga. Come vedete, non mi preoccupo dell'opinione della capitale. Essa rimarrà indietro, quando sarà necessario, rispetto al movimento esterno che la avvolgerà a sua insaputa.

Montesquieu - La successione delle vostre idee unisce tutto con tanta forza da farmi dimenticare un'ultima obiezione alla quale volevo sottoporvi. Rimane costante, nonostante quello che avete appena detto, il fatto che nella capitale ci sia ancora un certo numero di giornali indipendenti. Sarà quasi impossibile per loro parlare di politica, questo è certo, ma potranno farle la guerra sui dettagli. La vostra amministrazione non sarà perfetta. Lo sviluppo del potere assoluto comporta un certo numero di abusi di cui il sovrano stesso non è causa. Sarete trovati vulnerabili in tutte le azioni dei vostri agenti che toccano interessi privati, verranno fatte delle denunce, i vostri agenti saranno attaccati, voi sarete necessariamente responsabili, infine la vostra reputazione ne risentirà nei dettagli.

Machiavelli - Non credo.

Montesquieu - È anche vero che avete talmente moltiplicato i vari mezzi di repressione che non avete altro che da scegliere.

Machiavelli - Non è questo che intendevo dire. Non voglio nemmeno essere obbligato a reprimere continuamente, voglio, con una semplice ingiunzione, poter interrompere qualsiasi discussione su ciò che riguardi l'amministrazione.

Montesquieu - E come farete?

Machiavelli - Obbligherò i giornali ad accogliere in testa alle loro colonne le correzioni che il governo comunicherà loro. I funzionari dell'amministrazione passeranno loro delle note in cui si dirà loro categoricamente: "Avete dato questa notizia, non è esatto. Vi siete permessi una critica del genere, siete stati ingiusti, siete stati inopportuni, avete sbagliato, prendetene atto". Come si può vedere, si tratta di una censura leale e aperta.

Montesquieu - Alla quale, beninteso, non si potrà rispondere.

Machiavelli - Ovviamente no. La discussione sarà chiusa così.

Montesquieu - In questo modo avrete sempre l'ultima parola, l'avrete senza usare la violenza: molto ingegnoso Machiavelli. Come mi avete detto prima, il vostro governo è l'incarnazione del giornalismo.

Machiavelli - Come non voglio che il Paese sia turbato da rumori esterni, nemmeno voglio che possa esserlo da voci interne, anche dalle stesse notizie private. Quando c'è qualche suicidio importante, qualche affare di denaro troppo equivoca, qualche misfatto di un pubblico ufficiale, proibisco ai giornali di parlarne. Il silenzio rispetta l'onestà della gente meglio che il rumore.

Montesquieu - E nel frattempo, farete del giornalismo ad oltranza?

Machiavelli - Bisogna farlo. Usare la stampa, usarla in tutti i suoi modi: questa è la legge oggi dei poteri che vogliono sopravvivere. È tutto molto strano, ma è così. Quindi andrei ben oltre quello che potete immaginare.
Per capire la portata del mio sistema, bisogna vedere in che modo il linguaggio della mia stampa sia chiamato a collaborare con gli atti ufficiali della mia politica. Supponiamo di voler trovare una soluzione a qualche complicazione esterna o interna: questa soluzione, indicata dai miei giornali, che da diversi mesi praticano ciascuno a modo proprio lo spirito pubblico, si presenta un bel mattino, come un evento ufficiale; sapete come devono essere redatti in modo discreto e ingegnoso i documenti delle autorità in

circostanze importanti: il problema da risolvere in questi casi è quello di soddisfare tutti i partiti. Ebbene, ognuno dei miei giornali, a seconda della sua tendenza, cercherà di persuadere ogni parte che la risoluzione presa è quella che la favorisce maggiormente. Ciò che non è scritto in un documento ufficiale sarà messo in evidenza attraverso l'interpretazione; ciò che non è stato detto, i giornali non ufficiali lo tradurranno più apertamente, i giornali democratici e rivoluzionari lo grideranno ai quattro venti; mentre discuteranno, mentre daranno le più diverse interpretazioni ai miei atti, il mio governo sarà sempre in grado di rispondere a tutti e a ciascuno: vi sbagliate sulle mie intenzioni, avete frainteso le mie dichiarazioni; non ho mai inteso questo o quello. L'essenziale è non contraddirsi mai.

Montesquieu - Non ci credo! Dopo quello che mi avete appena detto, avete una simile pretesa?

Machiavelli - Senza dubbio, e il vostro stupore mi dimostra che non mi avete capito. Qui si tratta di far andare d'accordo le parole più che le azioni. Come potete pretendere che la grande massa di una nazione sia in grado di giudicare se è la logica a guidare il suo governo? Tutto quello che dovete fare è dirglielo. Voglio quindi che le varie fasi della mia politica siano presentate come lo sviluppo di un unico pensiero legato a un obiettivo immutabile. Ogni evento previsto o imprevisto sarà un risultato saggiamente valutato, le differenze di direzione saranno solo le diverse facce della stessa questione, i diversi percorsi che conducono al medesimo scopo, i diversi mezzi di un'identica soluzione perseguita senza sosta attraverso gli ostacoli. L'ultimo evento sarà la logica conclusione di tutti gli altri.

Montesquieu - Vi ammiro davvero! Quale intelligenza e quale attivismo!

Machiavelli - Ogni giorno i miei giornali saranno pieni di discorsi ufficiali, di resoconti, rapporti ai ministri e di rapporti al sovrano. Non mi dimenticherò di vivere in un'epoca nella quale si crede di poter risolvere, mediante l'industria, tutti i problemi della società nella quale ci si occupa continuamente del miglioramento delle condizioni delle classi operaie. Mi dedicherò con lena a simili questioni in quanto esse sono una felice distrazione delle preoccupazioni di politica interna. Presso i popoli meridionali bisogna che i governi sembrino sempre occupati. Le masse consentono a restare inattive ma ad una sola condizione: che coloro che la governano offrano loro lo spettacolo di un'attività frenetica, come febbricitante; che essi attirino senza sosta la loro attenzione con novità, sorprese e trovate teatrali. Tutto ciò vi risulterà bizzarro e inappropriato, ma, ancora una volta, è davvero così.

Mi conformerò perciò puntualmente alle seguenti indicazioni. Di conseguenza, in materia di commercio, d'industria, d'artigianato e persino di amministrazione, farò studiare ogni sorta di progetto, di piano, di espediente, di mutamento, di rimaneggiamento, di miglioramento la cui risonanza nella stampa ricoprirà le voci dei numerosi e fecondi pubblicisti. Si dice che l'economia politica abbia trovato fortuna presso di voi. Ebbene, non lascerò niente da inventare, da pubblicare, persino niente da dire ai vostri teorici, ai vostri utopisti, ai vostri sostenitori più appassionati della vostra scuola.

Il benessere del popolo sarà l'oggetto unico e immutabile dei miei discorsi pubblici, sia che parli io stesso, sia che lasci parlare i miei ministri o i miei scrittori. Mai si tacerà sulla grandezza del Paese, sulla sua prosperità, sull'importanza della sua missione e dei suoi destini. Mai si cesserà di intrattenerlo sui grandi princìpi del diritto moderno e sui grandi problemi che agitano l'umanità.

Nei miei scritti troverà respiro il liberalismo più entusiasta e universale.

Ai popoli occidentali piace lo stile orientale: così lo stile di ogni discorso e di ogni manifestazione ufficiale dovrà essere sempre immaginifico, sempre pomposo, elevato e carico di sfumature.

Ai popoli non piacciono i governi atei, infatti nelle mie comunicazioni con il pubblico non mancherò mai di porre le mie azioni sotto la protezione della divinità associando abilmente la mia stella a quella del Paese.

Vorrei che gli atti del mio governo fossero paragonati continuamente a quelli dei governi precedenti. Sarà il modo migliore per far risaltare i miei benefici ed ottenere la riconoscenza che essi meritano.

Sarà molto importante, inoltre, far rilevare gli errori dei miei predecessori e dimostrare che io ho saputo evitarli sempre. Otterremo così, verso i regimi di prima, una sorta di antipatia, mista ad avversione, che finirà per diventare irreparabile.

Non solo darò il compito ad un certo numero di giornali di esaltare in continuazione la gloria del mio regno e di far ricadere sugli altri governi la responsabilità degli errori della politica europea, ma vorrei anche che gran parte di questi elogi apparissero soltanto come un'eco di giornali stranieri dei quali si riprodurranno gli articoli, veri o falsi che siano, che rendono omaggio alla mia politica. Al limite, avrò all'estero giornali assoldati dei quali l'appoggio sarà più tanto efficace quanto più essi mi faranno opposizione sul benché minimo dettaglio.

I miei princìpi, le mie idee e le mie azioni, saranno rappresentate con l'aura della giovinezza, con il prestigio del nuovo diritto, in opposizione alla decrepitezza e alla caducità delle antiche istituzioni. So bene che occorrono valvole di sfogo per l'opinione pubblica e che l'attività intellettuale, soffocata da una parte, rinviene necessariamente da un altra. È proprio per questo che non avrò paura di immergere la nazione in ogni sorta di speculazione, teorica e pratica, tipica del sistema industriale.

Al di fuori della politica, d'altronde, sarò un principe molto buono e lascerò disputare in santa pace le questioni filosofiche o religiose. Sul piano teologico, la dottrina del libero esame è diventata una specie di monomania. Non bisogna contrariare questa tendenza, attenzione! Non lo si potrebbe fare se non senza pericolo. Nei Paesi europei più avanzati in fatto di civiltà, l'invenzione della stampa ha finito per far nascere una letteratura folle, furiosa, sfrenata e quasi immonda. Questo è il preludio ad un grande male. Ebbene, caro Montesquieu, è triste a dirsi, ma sarà sufficiente non disturbarla troppo, perché questo modo di scrivere, che ormai ha invaso i vostri regimi parlamentari, sia soddisfatto.

Questa letteratura pestifera della quale non si può impedire il corso, la piattezza degli scrittori e degli uomini politici che si dedicheranno al giornalismo, entreranno in forte contrasto con la dignità del linguaggio che verrà parlato dal trono, con la dialettica vivace ed edulcorata con la quale saranno accompagnate tutte le manifestazioni del potere. Comprendete adesso perchè ho voluto circondare il principe di questa schiera di pubblicisti, amministratori, avvocati, uomini d'affari e di giuristi che sono indispensabili alla redazione del gran numero di comunicazioni ufficiali di cui vi ho parlato e che susciteranno sempre una forte impressione sugli spiriti.

Ecco, in breve, questo era il pensiero che ho sul mio regime sulla stampa.

Montesquieu - Quindi avete finito?

Machiavelli - Sì, e con rammarico, perché sono stato molto più breve di quanto avrei dovuto. Ora iniziamo ad avere le ore contate e bisogna andar veloci.

Dialogo Tredicesimo

Montesquieu - Ho bisogno di riprendermi un po' dalle emozioni che mi avete appena fatto provare. Quale fecondità di risorse, che strane concezioni! C'è poesia in tutto questo e non so quale beltà fatale i moderni Byron non misconoscerebbero; qui troviamo il talento cinico dell'autore della *Mandragola*.

Machiavelli - Lo credete, Monsieur de Secondat? Qualcosa tuttavia mi dice, però, che non siete rassicurato nella vostra ironia. Non siete sicuro che queste cose davvero non siano possibili.

Montesquieu - Se è la mia opinione che vi interessa, l'avrete. Nel mentre io aspetto la fine.

Machiavelli - Non ci sono ancora.

Montesquieu - Ebbene, andate avanti.

Machiavelli - Ai vostri ordini.

Montesquieu - Avete appena emanato, durante la vostra salita al potere, una formidabile legislazione sulla stampa. Avete messo a tacere tutte le voci tranne la vostra. Ora che i partiti tacciono davanti a voi, non avete paura dei complotti?

Machiavelli - No, perché sarei poco previdente se non li disarmassi tutti in una volta sola.

Montesquieu - Quali mezzi impiegherete?

Machiavelli - Comincerei col deportare a centinaia coloro che hanno accolto, con le armi in pugno, l'avvento del mio potere. Mi è stato detto che in Italia, in Germania e in Francia gli uomini di disordine che cospirano contro i governi sono reclutati dalle società segrete. Per quanto mi riguarda, incenerirò questi personaggi loschi ed oscuri che tramano al riparo come dei piccoli ragni nelle loro amate ragnatele.

Montesquieu - E poi?

Machiavelli - L'atto di organizzare una società segreta, o di aderirvi, sarà severamente punito.

Montesquieu - Bene, per il futuro; ma che ne sarà delle società esistenti?

Machiavelli - Espellerò, mediante la sicurezza pubblica, tutti coloro che, com'è noto, ne hanno fatto parte. Quelli che non raggiungerò rimarranno sotto una minaccia perpetua, perché farò passare una legge che permetterà al governo di espellere, per via amministrativa, chiunque ne sia stato membro.

Montesquieu - Cioè senza processo.

Machiavelli - Perché dite senza processo? La decisione di un governo non è forse un giudizio? Potete essere certi che ci sarà poca pietà per i faziosi. Nei Paesi incessantemente turbati dalle discordie civili, la pace deve essere ristabilita con atti di implacabile vigore. Occorrono vittime per assicurare un certo tipo di tranquillità e ve ne saranno. In seguito, l'aspetto dell'uomo al comando diverrà così imponente che nessuno oserà attentare alla sua vita. Dopo aver ricoperto l'Italia di sangue, Silla poté riapparire a Roma come privato cittadino. Nessuno gli torceva un capello.

Montesquieu - Vedo che siete in un periodo di terrore Machiavelli. Non oso fare alcuna osservazione. Mi sembra però che, anche se seguiste i vostri piani, potreste essere meno rigoroso.

Machiavelli - Se qualcuno si appellasse alla mia clemenza, vedrei il da farsi. Posso anche confidarvi che alcune delle severe disposizioni che scriverò nella legge, diventeranno puramente comminatorie, a condizione però che non sia costretto a usarle.

Montesquieu - È questo che intendete per ciò che chiamate comminatorio? Tuttavia, la vostra clemenza mi rassicura un po'. Ci sono momenti in cui, se un mortale vi ascoltasse, gli fareste gelare il sangue.

Machiavelli - Perché me lo chiedete? Ho frequentato intimamente il Valentino che ha lasciato una terribile nomea che ben meritava dal momento che in certi casi fu impietoso. Tuttavia, vi assicuro che, una volta passate le necessità dell'esecuzione, era un uomo piuttosto bonario. Lo stesso si potrebbe dire di quasi tutti i monarchi assoluti; in fondo sono buoni e lo sono soprattutto nei confronti dei più piccoli.

Montesquieu - Non so se non mi piacete di più nel bagliore della vostra collera o se la vostra dolcezza mi spaventa ancora di più. Ma torniamo a noi. Avete spazzato via le società segrete.

Machiavelli - Non siate così precipitoso. Non le ho annientate. Diciamo che state facendo un po' di confusione.

Montesquieu - In che senso?

Machiavelli - Ho bandito le società segrete, il cui carattere e le cui attività sfuggirebbero alla sorveglianza del mio governo, ma non ho inteso privarmi di un mezzo di informazione, di un'influenza occulta che può essere considerevole se si sa come usarla.

Montesquieu - A cosa vi state riferendo?

Machiavelli - Intravedo la possibilità di dare ad un certo numero di queste società una sorta di esistenza legale, o piuttosto di centralizzarle tutte in una, della quale nominerò il capo supremo. In questo modo terrò in mano i vari elementi rivoluzionari che il Paese contiene. Gli iscritti a queste società appartengono a tutte le nazioni, a tutte le classi, a tutti i ranghi. In questo modo, sarò messo al corrente dei più oscuri intrighi della politica. Sarà come un'appendice della mia azione, di cui presto vi parlerò.

Il mondo sotterraneo delle società segrete è pieno di cervelli vuoti, ai quali non presto alcuna attenzione, ci sono indicazioni da dare e forze da muovere. Se qualcosa si agita lì, è la mia mano che si agita. Se si prepara un complotto, il capo sono io: sono il capo della lega.

Montesquieu - E voi credete che queste schiere di democratici, di repubblicani, di anarchici, di terroristi vi lasceranno avvicinare e spezzare il pane con loro? Credi che coloro che non sopportano nessuna dominazione umana accetteranno una guida che sarà come un maestro?!

Machiavelli - Voi non sapete, o Montesquieu, quale impotenza e persino quale stupidità vi sia nella maggior parte degli uomini della demagogia europea. Queste tigri hanno l'anima di un caprone, la testa piena di fumo e basta parlare la loro lingua per entrare nei loro ranghi. Quasi tutte le loro idee hanno incredibili affinità con le dottrine del potere assoluto. Il loro sogno è l'assorbimento degli individui in un'unità simbolica. Esigono la realizzazione completa dell'uguaglianza, in virtù di un potere che, in ultima analisi, può essere nelle mani di un solo uomo. Come potete vedere, anche in questo momento, sono ancora il capo della loro scuola! E bisogna dire che non hanno scelta. Le società segrete o esisteranno nelle condizioni che ho appena descritto o non esisteranno.

Montesquieu - Il finale *sic volo sic jubeo* non tarda ad arrivare con voi. Penso che, decisamente, siate ben protetti contro le cospirazioni.

Machiavelli - Sì, perché è bene rammentarvi che la legge non permette riunioni o conciliaboli che superino un certo numero di persone.

Montesquieu - Quante persone?

Machiavelli - Vi interessano questi dettagli? Non permetteremo riunioni di più di quindici o venti persone, se volete.

Montesquieu - Cosa? Non sarà permesso agli amici di cenare insieme oltre quel numero?

Machiavelli - Già vi allarmate, vedo, in nome della socievolezza gallica. Ebbene sì, si potrà benissimo cenare oltre quel numero di persone, perché il mio regno non sarà così feroce come pensate, ma a una condizione: che non si parli di politica.

Montesquieu - Possiamo parlare di letteratura?

Machiavelli - Sì, ma a condizione che sotto il pretesto della letteratura non ci si riunisca per fini politici. Si può benissimo non parlare di politica ma dare tuttavia ad una festa il carattere di manifestazione pubblica. Questo, sono spiacente, non potrà mai accadere.

Montesquieu - Ahimè, com'è difficile in un sistema del genere nel quale i cittadini vivano senza scontentare il governo!

Machiavelli - State sbagliando. Solo i faziosi soffriranno di queste restrizioni mentre nessun altro le sentirà.

Va da sé che qui non mi occupo di atti di ribellione al mio potere, né di tentativi di rovesciarlo, né di attentati alla persona del principe o alla sua autorità o alle sue istituzioni. Questi sono veri e propri crimini, punibili secondo il diritto comune di tutte le legislazioni. Nel mio regno sarebbero previsti e puniti secondo una classificazione e definizioni che non lascerebbero spazio al minimo attacco diretto o indiretto all'ordine costituito.

Montesquieu - Permettetemi di fare affidamento su di voi, a questo proposito, e di non indagare sui vostri mezzi. Tuttavia non basta stabilire una legislazione draconiana: occorre anche trovare una magistratura disposta ad applicarla e questo punto non è privo di difficoltà.

Machiavelli - Non ce ne sono.

Montesquieu - Quindi avete intenzione di distruggere l'organizzazione giudiziaria?

Machiavelli - Non distruggo nulla: modifico e rinnovo.

Montesquieu - Quindi, alla fine, istituirete corti prevostali, tribunali di pretura, insomma tribunali eccezionali?

Machiavelli - No, non lo farò.

Montesquieu - Cosa farete allora?

Machiavelli - È bene che voi sappiate, intanto, che non avrò bisogno di emanare tante leggi severe per poterle applicare. Molte di esse esisteranno già e saranno ancora in vigore. Difatti, tutti i governi liberi o assoluti, repubblicani o monarchici, sono alle prese con le medesime difficoltà. Essi sono obbligati, nei momenti di crisi, a ricorrere a leggi di rigore di cui alcune restano, altre si affievoliscono trascorse le necessità che le hanno fatte nascere. Riguardo a queste ultime, vi ricordo, che non sono mai state esplicitamente abrogate, che erano leggi molto sagge e che il ricomparire degli abusi che essi prevenivano, rende tuttavia necessaria una nuova loro applicazione.

In questo modo parrà che il governo faccia solamente, e spesso sarà così, un atto di buona amministrazione.

Vedete, in realtà, si tratta di dare soltanto un po' di spinta all'azione dei tribunali, ciò che riesce sempre facile nei Paesi centralizzati nei quali la magistratura è in diretto contatto con l'amministrazione per mezzo del ministero a cui dipende.

Quanto alle nuove leggi che saranno emanate nel mio regno e che, per la maggior parte, verranno introdotte sotto forma di semplice decreto, la loro applicazione non sarà così semplice, dal momento che, nei Paesi in cui il magistrato è inamovibile, egli resiste, nell'applicazione della legge, all'azione troppo diretta del potere.

Io credo di aver trovato un espediente alquanto ingegnoso, seppur molto semplice, in apparenza meramente regolamentare, che, senza intaccare il principio dell'inamovibilità del giudice, modificherà ciò che di troppo assoluto deriva da tale principio.

Emanerò quindi un decreto che manderà in pensione i magistrati giunti ad una certa età. Non dubito di avere l'opinione pubblica favorevole, giacché è uno spettacolo assai penoso vedere un giudice chiamato a giudicare ogni momento sulle questioni più importanti e più difficili, essere vittima di una caducità di spirito che lo rende incapace.

Montesquieu - Ma permettetemi, ho qualche esperienza sulle cose di cui parlate. Il fatto che voi avanziate non è affatto coerente con l'esperienza. Lo spirito degli uomini che esercitano continuamente l'intelletto non si indebolisce. Anzi, è proprio questo il privilegio dato dal pensiero a coloro presso i quali esso diviene l'attività principale. Se in alcuni magistrati le facoltà vacillano con l'età, nella maggioranza si conservano, e la loro illuminazione aumenta sempre. Non c'è bisogno di rimpiazzarli dal momento che la morte crea il vuoto naturale nei loro ranghi. Nonostante gli esempi di decadenza che state citando, vale molto di più, nel completo interesse di una buona giustizia, sopportare questo male piuttosto che accettare il tuo rimedio.

Machiavelli - Ho ragioni superiori alle vostre.

Montesquieu - La ragion di Stato?

Machiavelli - Può darsi. Sii certo di una cosa: che in questa nuova organizzazione i magistrati, allorché si tratterà di interessi meramente civili, non devieranno più di quanto accadeva in precedenza.

Montesquieu - Come faccio a saperlo? Vedete, dalle vostre parole, mi accordo che già che devieranno quando si tratterà di interessi politici.

Machiavelli - Essi non devieranno. Faranno il loro dovere come devono fare, perché, nelle questioni politiche, è necessario e nell'interesse dell'ordine, che i giudici siano sempre dalla parte del potere. Sarebbe la cosa peggiore di tutte se un sovrano potesse essere colpito da sentenze faziose che l'intero Paese impugnerebbe immediatamente contro il governo. A cosa servirebbe aver imposto il silenzio alla stampa, se poi lo si ritrova nelle sentenze dei tribunali?

Montesquieu - Dunque, nonostante le apparenze modeste, i vostri mezzi sono così potenti?

Machiavelli - Sì! Essi fanno scomparire quello spirito di resistenza, quello spirito di corpo sempre così pericoloso negli ambienti giudiziari che hanno conservato il ricordo, e forse anche il culto, dei precedenti governi.

Il mio sistema, invece, introduce nell'ambito giudiziario, un gran numero di elementi nuovi, le cui influenze risulteranno positive per gli ideali che animano il mio regno. Ogni anno, venti, trenta, quaranta posti di magistrato, divenuti vacanti in seguito al pensionamento, comporteranno un rimescolamento di tutto il personale della giustizia, che potrà in tal modo rinnovarsi completamente ogni sei mesi. Un solo posto vacante, lo sapete bene, quasi meglio di me, può comportare cinquanta nomine per l'effetto dello spostamento dei titolari di differenti gradi.

Pensate a cosa può succedere quando trenta o quaranta posti si rendono vacanti contemporaneamente.

Non soltanto lo spirito di corpo scompare soprattutto in ciò che può avere di politico, ma ci si avvicina più strettamente al governo il quale può disporre di un più grande numero di posti. Vi saranno uomini giovani che desiderano fare carriera che non saranno più ostacolati dalla posizione perpetua di quelli che li precedono. Essi sanno che al governo piace l'ordine, che al Paese piace e, quando vi è di mezzo l'ordine, si tratta solo di servire entrambi, amministrando buona giustizia.

Montesquieu - Ma, a meno che non abbiate una cecità indicibile, vi verrà rimproverato di fomentare uno spirito di competizione nella magistratura che è fatale ai corpi giudiziari. Non vi mostrerò quali sono le conseguenze, perché credo che nemmeno questo vi fermerebbe.

Machiavelli - Non pretendo di sfuggire alle critiche. Mi importa poco, purché non le senta. Avrei come principio, in ogni cosa, l'irrevocabilità delle mie decisioni, nonostante i possibili mormorii. Un principe che agisce in tal modo è sempre sicuro di ottenere il rispetto della sua volontà.

Dialogo Quattordicesimo

Machiavelli - Vi ho già detto molte volte, e ve lo ripeto, che non ho bisogno di creare tutto, di organizzare tutto e che trovo nelle istituzioni già esistenti gran parte degli strumenti del mio potere. Sapete che cos'è una garanzia costituzionale?

Montesquieu - Sì, e mi dispiace per voi, perché vi sto involontariamente privando di una sorpresa che forse non vi sarebbe dispiaciuto risparmiarmi, grazie alla vostra abilità teatrale che vi contraddistingue.

Machiavelli - Cosa ne pensate dunque?

Montesquieu - Penso che ciò che è vero, almeno per la Francia di cui sembrate voler parlare, è che si tratta di una legge di circostanza che deve essere modificata, se non del tutto abolita, in un regime di libertà costituzionale.

Machiavelli - La trovo molto moderato su questo punto. Secondo le sue idee, è semplicemente una delle restrizioni più tiranniche del mondo. Quando dei privati vengono danneggiati da agenti governativi nell'esercizio delle loro funzioni, e li portano davanti ai tribunali, i giudici dovranno dire loro: "Non possiamo darvi giustizia, la porta dell'aula è chiusa: andate a chiedere all'amministrazione il permesso di citare in giudizio i suoi funzionari". Ma questa è una vera e propria negazione della giustizia. Quante volte il governo concederà l'autorizzazione di tutti questi processi?

Montesquieu - Di cosa vi lamentate? Mi sembra che questo torni molto utile ai vostri affari.

Machiavelli - Vi ho detto questo per mostrarvi che negli Stati in cui l'azione della giustizia incontra ostacoli di tal genere, un governo non ha molto da temere dai tribunali. È sempre in qualità di disposizioni transitorie che simili eccezioni vengono inserite nelle leggi, ma, una volta passati i periodi di transizione, le eccezioni restano, e con ragione, perchè quando regna l'ordine, esse non danno alcun fastidio, mentre quando l'ordine risulta sconvolto, sono necessarie.

C'è un'altra istituzione contemporanea che sostiene con altrettanta efficacia l'azione del potere centrale: è la creazione, a fianco dei tribunali, di un'importante magistratura che voi chiamate il pubblico ministero e che un tempo si chiamava, molto più correttamente, procuratore del re, dal momento che tale funzione è essenzialmente amovibile e revocabile a piacimento del principe. Non ho bisogno di dirvi quale sia l'influenza di tale magistratura sui tribunali presso i quali essa risiede: è considerevole. Rammentate tutto ciò. Ora vi parlerò della corte di cassazione, la quale gioca un ruolo estremamente importante nell'amministrazione della giustizia.

La corte di cassazione è qualcosa di più che un semplice corpo giudiziario. In un certo senso è un quarto potere all'interno dello stato, perché spetta ad essa stabilire, in giudizio ultimo, il senso della legge. Così qui vi ripeterò ciò che credo di avervi detto a proposito del senato e dell'assemblea legislativa. Una simile corte di giustizia, che fosse completamente indipendente dal governo, potrebbe, in virtù del suo potere di interpretazione, rovesciarlo quando vorrebbe. Le sarebbe sufficiente restringere o allargare sistematicamente, in senso liberatorio, le disposizioni legislative che regolano l'esercizio dei diritti politici.

Montesquieu - E voi, a quanto pare, gli chiederete di fare il contrario?

Machiavelli - Di mia iniziativa, non le chiederò nulla: farà di sua iniziativa ciò che è opportuno. Perché è proprio qui, che le varie ragioni di influenza che ho menzionato prima, interverranno. Quanto più il giudice è vicino al potere, tanto più gli appartiene. Lo spirito di conservazione si svilupperà qui più che altrove ai suoi massimi livelli e le leggi di alta politica riceveranno, in seno a questa assemblea, un'interpretazione così favorevole al mio potere che sarò dispensato dal dover ricorrere ad una serie di misure restrittive che altrimenti si renderebbero necessarie.

Montesquieu - Sembrerebbe, ascoltandovi, che le leggi siano suscettibili alle interpretazioni più fantasiose. Forse i testi legislativi non sono chiari e precisi? Forse si prestano ad estensioni o restrizioni come quelle da voi indicate?

Machiavelli - Non posso avere la pretesa di insegnare che cosa sia la giurisprudenza all'autore dell'*Esprit de lois*, all'esperto magistrato che ha emesso così tante eccellenti sentenze. Non esistono testi, per chiari che siano, che non possano accettare le soluzioni più diverse, nemmeno in diritto civile puro. Ma vi prego di notare bene che qui stiamo trattando di materia politica. Ora, è abitudine comune ai legislatori di ogni tempo, adottare, per alcune disposizioni, una redazione molto elastica, affinché esse possano, secondo le circostanze, servire a contemplare casi o introdurre eccezioni sulle quali non sarebbe stato prudente esprimersi in maniera più precisa.

So perfettamente che devo farvi degli esempi, perchè altrimenti la mia affermazione vi parrebbe troppo vaga. La difficoltà vera sta nel trovarne alcuni che abbiano un carattere di genericità, onde evitare di dilungarmi nei dettagli. A proposito di questo argomento, eccone uno che mi piacerebbe citare, dal momento che ne stavamo parlando.

Parlando della garanzia costituzionale, dicevate che questa legge eccezionale dovrebbe essere modificata in un Paese libero. Ebbene, supponiamo che tale legge esista nel Paese che io governo e supponiamo che sia stata modificata. Immaginiamo inoltre che, prima di me, sia stata promulgata una legge che, in materia elettorale, permetteva di perseguire i funzionari governativi senza autorizzazione del consiglio di Stato.

La questione si presenta durante il mio regno che, come ben sapete, ha introdotto grandi cambiamenti nel campo del diritto pubblico. Si vuole perseguire un funzionario davanti ai tribunali per un fatto elettorale; il magistrato del pubblico ministero si alza e dice: "Il privilegio del quale ci si vuole valere, oggi non esiste più. Esso non è più compatibile con le attuali istituzioni. La vecchia legge che dispensava dall'autorizzazione del consiglio di Stato in parecchi casi, è stata oggi implicitamente abrogata". I tribunali risponderanno sì o no e infine la questione sarà portata dinanzi alla corte di cassazione e questa alta giurisdizione fisserà il diritto pubblico proprio su questo punto: la vecchia legge è abrogata implicitamente. A questo punto, l'autorizzazione del consiglio di Stato è necessaria per perseguire i pubblici funzionari, anche in materia elettorale.

Eccovi un'altro esempio. Questo ha qualcosa di speciale, essendo ispirato alla legislazione sulla stampa. Mi è stato riferito che in Francia c'era una legge che obbligava, sotto sanzione penale, tutti i distributori e venditori di libri a munirsi di un'autorizzazione rilasciata dal funzionario pubblico preposto in ciascuna provincia all'amministrazione generale. La legge ha voluto regolamentare la diffusione e sottoporla ad una stretta sorveglianza. Questo era lo scopo principale della norma: "Ogni distributore o venditore dovrà essere munito di un'autorizzazione, ecc., ecc.".

Ebbene, la corte di cassazione, se la questione le fosse stata proposta, potrebbe dire: "Non è solamente nella figura professionale che la legge si riferisce ma è a qualsiasi azione di distribuzione o di smercio. Di conseguenza, lo stesso autore di uno scritto o di un'opera, che ne distribuisca uno o più esemplari anche a titolo gratuito e senza prevista autorizzazione, compie un'azione di distribuzione o di smercio. Egli cade quindi sotto il vincolo della disposizione penale".

Vedete dunque da che cosa deriva una simile interpretazione: invece di una semplice legge di polizia, si ottiene una legge restrittiva del diritto al rendere pubblico il proprio pensiero attraverso la stampa.

Montesquieu - Non vi resta altro che divenire giurista.

Machiavelli - Questo è assolutamente necessario. Come si rovesciano i governi oggi? Con i cavilli legali, con le sottigliezze del diritto costituzionale, usando contro il potere tutti i mezzi, tutte le armi, tutte le combinazioni che non sono direttamente proibite dalla legge. E volete forse che questi artifici del diritto, che i partiti impiegano con con così tanto accanimento contro il potere, non vengano impiegati dal potere contro i partiti? La lotta risulterebbe impari, nemmeno una resistenza sarebbe possibile: bisognerebbe abdicare.

Montesquieu - Avete così tante insidie da evitare che è un miracolo se riuscirete a prevederle tutte. I tribunali non sono vincolati ai loro giudizi. Con una giurisprudenza come quella che sarà applicata sotto il vostro regno, vi vedo pieno di processi. Gli imputati non smetteranno mai di bussare alla porta dei tribunali per chiedere ulteriori interpretazioni.

Machiavelli - Nei primi tempi è possibile. Quando però un certo numero di sentenze avranno stabilito definitivamente la giurisprudenza, nessuno permetterà più ciò che essa proibisce e la fonte di tutte le cause si sarà esaurita. L'opinione pubblica sarà persino così acquietata, che ci si affiderà al parere non ufficiale dell'amministrazione sul significato delle leggi.

Montesquieu - E come, se posso chiedere?

Machiavelli - In questa o quella congiuntura, quando si potrà temere che qualche difficoltà intervenga su alcune questioni legislative, l'amministrazione, sotto forma di parere, dichiarerà che questo o quel fatto ricada sotto l'applicazione stessa della legge, che la legge si estenda a quello o quell'altro caso.

Montesquieu - Ma queste sono solo dichiarazioni che non vincolano in alcun modo i tribunali.

Machiavelli - Senza dubbio, ma queste dichiarazioni avranno comunque un grandissimo valore e una grandissima influenza sulle decisioni della magistratura, poiché proverranno da una amministrazione potente tanto quanto quella che ho organizzato. Soprattutto, avranno una grandissima influenza sulle decisioni individuali, e in molti casi, se non sempre, esse preverranno processi faziosi: noi ci asterremo.

Montesquieu - A mano a mano che procediamo, vedo che il vostro governo sta diventando sempre più paternalista. Si tratta di consuetudini giudiziarie quasi patriarcali. Mi sembra impossibile, infatti, che non si tenga conto di una sollecitudine che si esercita in modi tanto ingegnosi.

Machiavelli - Eppure siete costretto a riconoscere che sono ben lontano dai metodi barbari di governo che sembravate attribuirmi all'inizio di questa conversazione. Vedete che in tutto questo la violenza non ha alcun ruolo. Io prendo il mio sostegno laddove oggi tutti lo prendono, dalla legge.

Montesquieu - Sul diritto del più forte.

Machiavelli - Il diritto che si fa obbedire è sempre il diritto del più forte. Non conosco eccezioni a questa regola.

Dialogo Quindicesimo

Montesquieu - Benché abbiamo percorso un cerchio molto ampio e voi abbiate già organizzato quasi tutto, non vi nascondo che avete ancora molto da fare per rassicurarmi completamente sulla durata del vostro potere. La cosa che più mi sorprende al mondo è che lo abbiate basato sul suffragio popolare, cioè sull'elemento più incoerente della sua natura che io conosca. Chiariamo un po' le cose, per favore: avete detto di essere un re?

Machiavelli - Sì, re.

Montesquieu - A vita o ereditario?

Machiavelli - Sono re come si è re in tutti i regni del mondo. Ereditario con discendenti destinati a succedermi di maschio in maschio, in ordine di progenie, con esclusione perpetua delle donne.

Montesquieu - Non siete galante.

Machiavelli - Permettetemi, mi ispiro alle tradizioni della monarchia franca e salica.

Montesquieu - Onestamente, sarei curioso di sapere come mi spiegherete di poter conciliare l'ereditarietà con il suffragio democratico degli Stati Uniti.

Machiavelli - Ma certamente.

Montesquieu - Sperate, con questo principio, di vincolare la volontà delle generazioni future?

Machiavelli - Sì.

Montesquieu - Quello che vorrei vedere, al momento, è come ve la caverete con questo suffragio, quando si tratterà di applicarlo alla nomina dei pubblici ufficiali.

Machiavelli - Quali pubblici ufficiali? Sapete bene che, negli Stati monarchici, è il governo a nominare i funzionari di ogni grado.

Montesquieu - Dipende da quali funzionari. Quelli incaricati dell'amministrazione dei comuni sono, in genere, nominati dagli abitanti, anche sotto i regimi monarchici.

Machiavelli - Questo sarà cambiato appositamente da una legge. In futuro, essi saranno nominati dal governo.

Montesquieu - E i rappresentanti della nazione? Li nominate anche voi?

Machiavelli - Sapete bene che non è possibile.

Montesquieu - Allora vi compatisco, perché se abbandonate il suffragio a se stesso, se non trovate qui qualche nuova combinazione, l'assemblea dei rappresentanti del popolo non tarderà a riempirsi, sotto l'influenza dei partiti, di deputati ostili al vostro potere.

Machiavelli - Infatti, non intendo affatto abbandonare il suffragio a se stesso.

Montesquieu - Me lo aspettavo. Ma quale rimedio userete?

Machiavelli - Il primo punto è quello di vincolare al governo coloro che vogliono rappresentare il Paese. Imporrò ai candidati la solennità di un giuramento. Non si tratta di un giuramento alla nazione, come intendevano i vostri rivoluzionari dell'89. Esigo un giuramento di fedeltà al principe stesso e alla sua costituzione.

Montesquieu - Ma dal momento che voi non temete di violare i vostri giuramenti, come potete sperare che gli altri si comportino diversamente?

Machiavelli - Conto poco sulla coscienza politica degli uomini. Conto sulla forza dell'opinione: nessuno oserà umiliarsi davanti ad essa violando apertamente il proprio giuramento. Tanto meno oseranno farlo, in quanto il giuramento che imporrò precederà l'elezione invece di seguirla: in tali condizioni non si potrà neppure andare in cerca di voti se non si sarà deciso in anticipo di servirmi. Occorre tuttavia mettere in grado il governo di resistere alle influenze dell'opposizione, di impedire che questa faccia disertare i ranghi di coloro che vogliono difenderlo. Al momento delle elezioni, i partiti proclamano i loro candidati e li pongono di fronte al governo. Io, appunto, farò come loro: dichiarerò i miei candidati e li porrò di fronte ai partiti.

Montesquieu - Se non foste onnipotente, il mezzo sarebbe detestabile perché, proponendo apertamente il combattimento, provocate il conflitto.

Machiavelli - Intendo che gli agenti del mio governo, dal primo all'ultimo, lavorino per assicurare il trionfo dei miei candidati.

Montesquieu - Non c'è bisogno di dirlo, questo è ovvio.

Machiavelli - Ogni particolare è qui di massima importanza. "Le leggi che stabiliscono il suffragio sono fondamentali; il modo in cui viene espresso è fondamentale; la legge che stabilisce la maniera di consegnare la scheda elettorale è fondamentale". Non l'avete detto voi?

Montesquieu - Non sempre riconosco le mie parole quando passa per la vostra bocca. Mi sembra che le parole da voi citate si riferissero al governo democratico.

Machiavelli - Certamente e avete già potuto constatare che l'elemento essenziale della mia politica è proprio l'appoggio popolare. Sebbene io indossi una corona, il mio scopo reale e dichiarato è quello di rappresentare il popolo. Depositario di tutti i poteri che esso mi ha delegato, solo io, in modo definitivo, ne sono il vero rappresentante. Ciò che io voglio, esso vuole. Ciò che io faccio, esso fa. Conseguentemente è indispensabile che durante le elezioni, le fazioni non possano sostituire la loro influenza a quella di cui io sono la chiara personificazione armata. Inoltre, ho escogitato altri mezzi per paralizzare i loro sforzi. Dovete sapere, per esempio, che la legge che vieta le riunioni sarà applicata naturalmente anche a quelle che potranno essere convocate in vista delle elezioni. In tal modo, i partiti non potranno concertarsi né tanto meno accordarsi.

Montesquieu - Perché mettete sempre i partiti al primo posto? Con il pretesto di imporre loro degli ostacoli, non li state forse imponendo agli stessi elettori? I partiti, in ultima analisi, non sono che raccolte di elettori: se gli elettori non possono illuminarsi con riunioni, con colloqui, come potranno votare con cognizione di causa?

Machiavelli - Vedo che non conoscete l'infinita arte e astuzia con le quali le passioni politiche eludono i divieti. Non si preoccupi degli elettori, chi è animato da buone intenzioni saprà sempre per chi votare. Inoltre, userò la tolleranza. Non solo non proibirò le riunioni che si formano nell'interesse dei miei candidati, ma arriverò a chiudere un occhio sulle azioni di alcuni candidati popolari che si agiteranno a gran voce in nome della libertà. Solo, è bene dirvi che quelli che grideranno più forte saranno i miei uomini.

Montesquieu - E come regolate il suffragio?

Machiavelli - Innanzitutto, per quanto riguarda le campagne, non voglio che gli elettori vadano a votare nei centri abitati, dove potrebbero entrare in contatto con lo spirito di opposizione delle città e da lì ricevere le istruzioni che arriverebbero dalla capitale. Voglio che votino per comune. Il risultato di questa combinazione, apparentemente così semplice, sarà tuttavia notevole.

Montesquieu - È facile da capire, voi costringete il voto delle campagne a essere diviso tra notorietà insignificanti, o a essere trasferito, in mancanza di nomi noti, ai candidati designati dal vostro governo. Sarei molto sorpreso se, con questo sistema, emergesse molta abilità o talento.

Machiavelli - L'ordine pubblico ha meno bisogno di uomini di talento che di uomini dediti al governo. La grande capacità risiede nel trono e tra coloro che lo circondano. Altrove è inutile, anzi è quasi dannosa, perché può essere esercitata solo contro il potere.

Montesquieu - I suoi aforismi sono taglienti come una spada; non ho argomenti da sottoporle. Continuate pure con le vostre regole elettorali.

Machiavelli - Per le ragioni che vi ho mostrato, non vorrò nemmeno scrutini che falsino i risultati e che permettano la coalizione di uomini e di idee. Dividerò, d'altronde, i collegi elettorali in un certo numero di circoscrizioni amministrative, nelle quali potrà riuscire eletto un solo deputato e dove, quindi, ciascun elettore potrà esprimere una sola preferenza sulla scheda.

Occorre inoltre poter neutralizzare l'opposizione in quelle circoscrizioni nelle quali essa si farà un po' troppo sentire. Supponiamo che nelle elezioni precedenti una circoscrizione abbia espresso una maggioranza di voti ostili o che si possa prevedere che un'altra si esprima contro i candidati governativi: niente di più facile che porvi rimedio. Se tale circoscrizione ha un piccolo numero di abitanti, la si unirà ad un'altra, vicina o lontana importa poco, ma molto più estesa, nella quale i voti e lo spirito politico della prima finiranno con il disperdersi. Se, invece, la circoscrizione ostile possiede un gran numero di abitanti, la si frazionerà, procedendo al processo inverso: ovvero dividendola in più parti e annettendole ad una ad una alle circoscrizioni limitrofe in modo tale che la prima verrà completamente annullata.

Montesquieu - Noto, con una certa sorpresa, che non utilizzate qui una misura che attribuivate a Leone X e che consiste nella sostituzione dei biglietti di suffragio da parte degli scrutatori dopo la votazione.

Machiavelli - Questo sarebbe forse difficile oggi e credo che questo mezzo debba essere usato solo con la massima cautela. Un governo abile ha tante altre risorse! Senza comprare il voto direttamente, cioè con il denaro, nulla sarà più facile che far votare a suo favore gli elettori per mezzo di concessioni amministrative, promettendo un porto qui, un mercato là, una strada, un canale più in là e viceversa, non facendo nulla per le città dove il voto sarà ostile.

Montesquieu - Non ho nulla da rimproverare al congegno di questo meccanismo. Non temete però che si dica che a volte corrompete e a volte opprimete il suffragio popolare? Non temete di compromettere il vostro potere in lotte in cui sarà sempre così direttamente coinvolto? Il minimo successo contro i vostri candidati sarà una vittoria clamorosa che sconfiggerà il vostro governo. Ciò che non smette di preoccuparmi per voi è che vi vedo sempre obbligati ad avere successo in tutto, pena il disastro.

Machiavelli - Voi usate il linguaggio della paura. State tranquillo. Al punto in cui sono arrivato, ho vinto in tante occasioni che non posso perire a causa dell'infinitamente piccolo. Il granello di sabbia di Bossuet non è fatto per i veri uomini politici. Sono così avanti nella mia carriera che potrei, senza pericolo, affrontare qualsiasi tempesta. Che importanza hanno dunque gli infimi problemi amministrativi di cui parlate? Credete forse che io abbia la pretesa di considerarmi perfetto? Volete che non sappia che intorno a me si commetterà più di un errore? No, senza dubbio non potrò fare in modo che qua e là non vi sia qualche malversazione, qualche scandalo. Tutto questo impedirà forse che l'insieme funzioni e funzioni bene? L'essenziale non è il commettere errori, bensì accollarsene la responsabilità con tanta energia da intimidire gli avversari. Anche se l'opposizione riuscisse a far sedere nel mio parlamento qualche suo oratore, che m'importerebbe? Non sono tra coloro che vogliono fare i conti senza le necessità del loro tempo.

Uno dei miei grandi princìpi risiede nel contrapporre cose simili. Così come uso la stampa contro la stampa stessa, userò il tribunale contro il tribunale. Avrò tanti uomini abili nella parola e capaci di parlare per ore e ore senza fermarsi quanti ne saranno necessari. L'importante è avere una maggioranza compatta e un presidente affidabile. Ci vuole un'arte particolare per guidare il dibattito e per far votare allo stesso tempo. Avrò forse bisogno degli artefici della strategia parlamentare? I diciannove ventesimi della Camera saranno composti da miei uomini che voteranno ai miei ordini mentre muoverò le fila di un'opposizione fittizia e reclutata di nascosto. Con questo, si facciano pure bei discorsi: essi entreranno nelle orecchie dei miei deputati, come il vento filtra dal buco della serratura.

Volete che vi parli ora del mio senato?

Montesquieu - No, rifiuto. Ricordandomi di Caligola, so come potrebbe essere.

Dialogo Sedicesimo

Montesquieu - Uno dei punti salienti della vostra politica è l'annientamento dei partiti e la distruzione delle forze sociali. Non avete fallito in questo programma; tuttavia, vedo ancora intorno a voi cose che non avete toccato. Per esempio, non avete ancora toccato il clero, l'università, l'ordine degli avvocati, la milizia nazionale o le corporazioni commerciali. Sembrerebbe, però, che ci sia più di un elemento pericoloso.

Machiavelli - Non posso dirvi tutto subito. Passiamo subito alle milizie nazionali e del perché non dovrei più occuparmene. Il loro scioglimento è stato necessariamente uno dei primi atti del mio potere. L'organizzazione di una guardia civica non può essere conciliata con l'esistenza di un esercito regolare, poiché i cittadini armati potrebbero, in un dato momento, trasformarsi in elementi faziosi. Questo punto, tuttavia, non è privo di difficoltà. La guardia nazionale è un'istituzione inutile, ma porta un nome popolare. Negli Stati militari, lusinga gli istinti puerili di alcune classi borghesi che, con ridicola bizzarria, uniscono il gusto per le manifestazioni belliche alle abitudini commerciali. Si tratta di un'abitudine inoffensiva, e sarebbe tanto più maldestro contraddirla: non deve mai sembrare che il principe separi i suoi interessi da quelli della città che si crede garantita dall'armamento dei suoi abitanti.

Montesquieu - Ma perchè state sciogliendo questa milizia?

Machiavelli - La sciolgo solo per riorganizzarla semplicemente su altre basi. L'importante è metterla alle dirette dipendenze dell'autorità civile e impedirle di reclutare i propri capi per via elettiva: è esattamente quello che farò. D'altra parte la istituirò solamente nei luoghi dove mi converrà e mi riserverò il diritto di poterla nuovamente sciogliere e riorganizzare su basi ancora diverse, qualora le circostanze lo richiedano. Su questo punto non ho altro da dirvi.

Per quanto riguarda l'università, la sua situazione attuale quasi mi soddisfa.

Sapete molto bene che le corporazioni accademiche non sono più organizzate oggi come lo erano un tempo. Mi dicono abbiano perso quasi ovunque la loro autonomia e che in realtà non siano che servizi pubblici alle dipendenze dello Stato stesso. Orbene, come più volte vi ho già spiegato, dove si trova lo Stato, là si trova il principe: la direzione spirituale degli organismi pubblici è nelle sue mani e sono i suoi agenti ad indirizzare le menti dei giovani. I dirigenti, così come i membri dei corpi insegnanti di qualsiasi grado, sono nominati dal governo, ad esso sono legati e da esso dipendono. Se, qua e là, qualche traccia di organizzazione indipendente potrà restare, in qualche scuola pubblica o Accademia, sarà facile ricondurla al comune centro di unità e di direzione. Basterà infatti un regolamento o un semplice decreto ministeriale. Sorvoliamo sui dettagli che non meritano maggiore attenzione, tuttavia non desidero abbandonare questo argomento non prima di avervi fatto presente quanto io giudichi importante bandire dall'insegnamento del diritto gli studi di politica costituzionale.

Montesquieu - In effetti, avete motivi sufficienti per farlo.

Machiavelli - Le mie ragioni sono molto semplici: non voglio che i giovani che escono dalla scuola si occupino di politica a vanvera e non voglio che a diciotto anni pretendano di fare le costituzioni come se scrivessero opere teatrali. Un simile insegnamento non può che distorcere le idee dei giovani e introdurli prematuramente in materie che esulano dalla loro capacità. È con queste nozioni mal digerite e mal comprese che prepariamo falsi statisti, utopisti la cui avventatezza di spirito si traduce poi in azioni altrettanto avventate.

Le generazioni nate sotto il mio regno devono essere educate al rispetto delle istituzioni consolidate e all'amore per il principe. Vorrei quindi fare un uso piuttosto ingegnoso del potere che ho di dirigere l'insegnamento. Credo che in generale nelle scuole si commetta il grande errore di trascurare la storia contemporanea. È essenziale conoscere il proprio tempo almeno quanto lo era per Pericle: vorrei che nelle scuole si insegnasse la storia del mio regno, mentre sono ancora in vita. È così che un nuovo principe entra nel cuore di una generazione.

Montesquieu - Si tratterà, naturalmente, di una costante scusa per le vostre azioni, giusto?

Machiavelli - È ovvio che non mi lascerò denigrare. L'altro mezzo che userei sarebbe quello di reagire contro l'istruzione gratuita, che non può essere direttamente proibita. Nelle università ci sono eserciti di professori il cui tempo libero può essere utilizzato per diffondere sane dottrine al di fuori delle aule. Farei aprire loro corsi gratuiti in tutte le principali città, mobilitando così l'istruzione e l'influenza del governo.

Montesquieu - In altre parole, assorbite e confiscate, per il vostro profitto, anche gli ultimi barlumi di pensiero indipendente.

Machiavelli - Io non sto confiscando proprio nulla.

Montesquieu - Permettete a professori diversi dai vostri di divulgare la scienza con gli stessi mezzi e senza permesso, senza autorizzazione?

Machiavelli - Vorreste che io autorizzi i *Clubs*?

Montesquieu - No. Passate dunque a un altro argomento.

Machiavelli - Tra le molte misure regolamentari che reclamano l'attenzione del mio governo, mi avete indicato l'ordine degli avvocati, giusto?

Si tratta di estendere l'azione al di là delle attuali esigenze e inoltre qui si toccano degli interessi civili, cosa nella quale, come voi già sapete, preferisco astenermi il più possibile. Negli Stati in cui l'avvocatura è costituita in corporazione, coloro che devono essere giudicati, guardano all'indipendenza di tale istituzione come ad una garanzia inseparabile dal diritto di difesa dinanzi ai tribunali, come se si trattasse del loro onore, del loro interesse, della loro vita. Risulta arduo intervenire in questo campo, perché, al grido dell'intera corporazione, l'opinione pubblica potrebbe allarmarsi. Non ignoro perciò che questo organismo sarà un ricettacolo di influenze costantemente ostili al mio potere. Questa professione, e voi lo sapete meglio di me, Montesquieu, sviluppa certi caratteri freddi ed ostinati nelle proprie idee, spiriti la cui tendenza è quella di ricercare negli atti nel potere l'elemento della pura legalità. L'avvocato non ha un elevato senso delle necessità sociali quanto il magistrato: egli vede la legge troppo da vicino e da angolazioni troppo anguste per poterne cogliere il giusto senso, mentre il magistrato...

Montesquieu - Risparmiatevi le scuse.

Machiavelli - Sì, perché non ho dimenticato che mi trovo di fronte ad un discendente di quei grandi magistrati che hanno così brillantemente sostenuto il trono della monarchia in Francia.

Montesquieu - E che raramente si mostrarono facili alla registrazione di editti, quando questi violavano la legge dello Stato.

Machiavelli - È così che finirono per rovesciare lo Stato stesso. Non voglio che le mie corti di giustizia siano dei parlamenti e che gli avvocati, sotto l'immunità della loro toga, facciano politica. Il più grande uomo del secolo, a cui il vostro Paese ha avuto l'onore di dare i natali, ha detto: "Voglio che sia possibile tagliare la lingua ad un avvocato che parla male del governo". Gli attuali metodi sono certamente più delicati, ma non arriverei a tanto. Il primo giorno, e nelle circostanze opportune, mi limiterò a fare una cosa molto semplice: emanerò un decreto che, pur rispettando l'indipendenza della corporazione, sottoporrà gli avvocati a ricevere l'investitura della loro professione dal sovrano. Esponendo le motivazioni del mio decreto, non sarà difficile dimostrare agli inquisiti, che essi si troveranno in questo tipo di nomina una garanzia ben più seria di quella offerta, allorché la corporazione reclutava da sé i propri membri.

Montesquieu - Il linguaggio della ragione può davvero prestarsi a giustificare anche le misure più detestabili, noto. Ma ora voglio proprio vedere cosa farete riguardo al clero.

Eccovi qui un'istituzione che non dipende dallo Stato se non per alcuni aspetti e che discende da un potere spirituale, il cui trono è altrove rispetto al vostro. Credetemi, non conosco niente di più pericoloso per il vostro potere, di questa forza che parla in nome del cielo e che ha radici in tutta la terra: non vi dimenticate che l'insegnamento cristiano è insegnamento di libertà e amore. Senza dubbio alcuno, le leggi dello Stato hanno creato una profonda divisione tra l'autorità religiosa e quella politica; senza dubbio, poi, la parola dei ministri del culto non si farà sentire che in nome del Vangelo. Lo spiritualismo che ne deriverà sarà perciò l'intoppo più grande al materialismo politico. È proprio questo libro così umile e dolce ad aver distrutto, da solo, sia l'impero romano che il cesarismo e la potenza di entrambi. Le nazioni profondamente cristiane sfuggiranno sempre al dispotismo perché il cristianesimo eleva la dignità umana a tal punto che il dispotismo non potrà raggiungerla, in quanto esso sviluppa forze morali sulle quali il potere umano non ha presa alcuna. Prestate attenzione perciò al sacerdote: egli non dipende che da Dio e la sua influenza è ovunque; nella chiesa, nella famiglia e nella scuola. Voi non potete nulla su di lui: la sua gerarchia non è la vostra, egli ubbidisce ad una costituzione che non si infrange né con la legge né con la spada. Se voi regnate su una nazione cattolica e avete come nemico il clero, presto o tardi soccomberete, sebbene voi abbiate il popolo stesso dalla vostra parte.

Machiavelli - Non capisco perché vi piaccia fare del sacerdote un apostolo della libertà. Non l'ho mai ritenuto tale, né nell'antichità né nei tempi moderni; ho sempre trovato nel sacerdozio un sostegno naturale al potere assoluto.

Tenete presente che se, nell'interesse della mia istituzione, ho dovuto fare delle concessioni allo spirito democratico del mio tempo, se ho preso il suffragio universale come base del mio potere, questo è solo un artificio dettato dai tempi. Non per questo rivendico il beneficio del diritto divino, nondimeno sono re per grazia di Dio. In quanto tale, il clero deve sostenermi, perché i miei principi di autorità sono in linea con i loro. Se, tuttavia, si mostrassero faziosi, se approfittassero della loro influenza per scatenare una guerra sorda contro il mio governo...

Montesquieu - Ebbene?

Machiavelli - Voi che parlate dell'influenza del clero, non sapete fino a che punto esso si è reso impopolare in alcuni Stati cattolici? In Francia, per esempio, il giornalismo e la stampa lo hanno talmente cancellato dallo spirito delle masse, hanno talmente rovinato la sua missione, che se io regnassi nel suo regno sapete che cosa potrei fare?

Montesquieu - Che cosa fareste?

Machiavelli - Potrei provocare all'interno della Chiesa uno scisma che spezzerebbe tutti i legami che uniscono il clero alla Curia romana: perché è esattamente questo il nodo di Gordio. Farei usare alla mia stampa, dai miei pubblicisti, dai miei uomini politici, questo tipo di linguaggio: "Il Cristianesimo è indipendente dal Cattolicesimo. Ciò che il Cattolicesimo proibisce, il Cristianesimo permette. L'indipendenza del clero, la sua sottomissione alla Curia romana, sono dogmi puramente cattolici: tale stato di cose rappresenta una costante minaccia alla sicurezza dello Stato. I sudditi non devono avere come capo spirituale un principe straniero: ciò significherebbe abbandonare l'ordine interno in balìa di un potere che può essere ostile in qualsiasi momento. Questa gerarchia feudale, questa tutela di popoli arretrati, non può più conciliarsi con il genio virile della civiltà moderna, con i propri lumi e con la propria indipendenza. Perché andare a cercare a Roma un dittatore spirituale? Perché il capo politico non può essere contemporaneamente il capo religioso? Perché il Sovrano non potrebbe essere Pontefice?". Questo è il linguaggio che si potrebbe far usare dalla stampa, soprattutto dalla stampa liberale. Questo, il popolo lo ascolterebbe, molto probabilmente, con gioia.

Montesquieu - Se poteste crederlo e se osaste tentare un'impresa simile, imparereste rapidamente ed in un modo certamente terribile, quale sia la potenza del cattolicesimo, anche nelle nazioni in cui sembra indebolito.

Machiavelli - Tentatelo, per Dio! Ma io chiedo perdono al nostro divino padrone, in ginocchio, per aver solo esposto questa dottrina sacrilega, ispirata dall'odio per il Cattolicesimo. Dio, che ha istituito il potere umano, non gli vieta di proteggersi contro le imprese del clero, che peraltro viola i precetti del Vangelo quando manca di subordinazione al principe. So bene che cospirerà solo attraverso un'influenza sfuggente, ma vorrei trovare i mezzi per fermare, anche all'interno della corte di Roma, l'intenzione che dirige l'influenza.

Montesquieu - Come fareste?

Machiavelli - Mi basterebbe far notare alla Santa Sede lo stato morale del mio popolo. Freme sotto il giogo della Chiesa, desideroso di spezzarlo, che è capace di staccarsi a sua volta dal seno dell'unità cattolica, di gettarsi nello scisma della Chiesa greca o protestante.

Montesquieu - La minaccia in luogo dell'azione.

Machiavelli - Quanto vi sbagliate, Montesquieu! Quanto poco conoscete il mio rispetto per il trono pontificio! Il solo ruolo che vorrei giocare, la sola missione che mi potrebbe appartenere come sovrano cattolico, sarebbe appunto quella di essere il difensore della Chiesa.

Al giorno d'oggi, lo sapete, il potere temporale è gravemente minacciato, sia dall'odio verso la religione, sia dall'ambizione dei Paesi del Nord Italia. Ebbene, io direi al Santo Padre: "Io vi sosterrò contro tutti loro, vi salverò: è il mio dovere, la mia missione. Vi chiedo solo di non attaccarmi ma solamente di sostenermi con la vostra influenza spirituale".

Sarebbe chiedere troppo, quando io stesso esporrei la mia popolarità erigendomi a difensore del potere temporale, oggi completamente screditato agli occhi di quella che si chiama la democrazia europea? Suvvia! Un tale pericolo non mi fermerà mica. Non soltanto terrò in scacco tutte le imprese degli Stati vicini, volte a minacciare la sovranità della Santa Sede, ma se per disgrazia essa fosse attaccata, se il Papa fosse scacciato dallo Stato Pontificio, com'è già avvenuto, soltanto le mie baionette ve lo riporteranno e ve lo manterranno finchè vivrò".

Montesquieu - In effetti, sarebbe un colpo da maestro, perché se teneste una guarnigione perpetua a Roma, avreste quasi la Santa Sede a vostra disposizione, come se risiedesse in qualche provincia del vostro regno.

Machiavelli - Pensate che dopo un tale servizio al papato, esso si rifiuterebbe di sostenere il mio potere, che il Papa stesso, se necessario, si rifiuterebbe di venire a incoronarmi nella mia capitale? Non è la storia piena di eventi del genere?

Montesquieu - Sì, c'è tutto nella storia. Ma infine, se invece di trovare sulla cattedra di San Pietro un Borgia o un Dubois, come sembrate aspettarvi, aveste davanti a voi un Papa che ha resistito ai vostri intrighi e ha sfidato la vostra ira, che cosa fareste?

Machiavelli - Allora, dovendo scendere a patti con esso, con il pretesto di difendere il potere temporale, ne provocherei la caduta.

Montesquieu - Siete geniale.

Dialogo Diciassettesimo

Montesquieu - Dicevo appunto che siete un genio. Ci vuole davvero un cervello di un certo tipo per concepire ed eseguire così tante cose. Voi avete cento braccia come l'idolo indiano, e ogni vostro dito tocca una sorgente. Così come potete toccare tutto, potete anche vedere tutto?

Machiavelli - Sì, perché farò della polizia un'istituzione così vasta che nel cuore del mio regno metà degli uomini vedranno l'altra metà. Mi concedete qualche dettaglio sull'organizzazione della mia polizia?

Montesquieu - Fate pure.

Machiavelli - Comincerò col creare un Ministero di Polizia, che sarà il più importante dei miei ministeri e che centralizzerà, sia per l'estero che per l'interno, i numerosi servizi di cui doterò questa parte della mia amministrazione.

Montesquieu - Ma se farete questo, i vostri sudditi si accorgeranno subito di essere avvolti in una rete spaventosa.

Machiavelli - Se questo ministero non piace, lo abolirò e lo chiamerò, se proprio volete, Ministero di Stato. Organizzerò inoltre, negli altri ministeri, servizi analoghi, la maggior parte dei quali sarà fusa, senza clamore alcuno, in quelli che oggi si chiamano Ministero degli Interni e Ministero degli Esteri.

Capite perfettamente che non mi sto affatto occupando di diplomazia, ma cerco semplicemente mezzi idonei a garantire la mia sicurezza contro le fazioni, tanto all'estero che all'interno.

Ebbene, credetemi, troverò la maggior parte dei sovrani, all'incirca nella mia stessa situazione: ovvero, disposti ad assecondare i miei scopi, i quali consisterebbero nel creare servizi di polizia internazionale nell'interesse della reciproca sicurezza. Se, cosa della quale non dubito molto, riuscirò a raggiungere un tale risultato, eccovi qualche esempio di persone che faranno parte della mia polizia all'estero:

a) gentiluomini presenti nelle corti straniere per tenere d'occhio gli intrighi dei principi e dei pretendenti esiliati;

b) rivoluzionari prescritti che pagherò affinché mi servano come agenti per conoscere le mene dell'oscura demagogia;

c) editori di giornali politici nella grande capitale;

d) stampatori e librai segretamente sovvenzionati per seguire da vicino le tendenze di pensiero.

Montesquieu - Non è più contro le fazioni del vostro regno, bensì contro l'anima stessa dell'umanità che finirete per cospirare.

Machiavelli - Come sapete, non ho paura dei termini altisonanti. Esigo che ogni politico che voglia andare a cospirare all'estero sia osservato, segnalato di distanza in distanza, fino al suo ritorno nel mio regno, dove sarà incarcerato perché non possa farlo di nuovo. Per capire meglio il filo degli intrighi rivoluzionari, sogno una combinazione che mi sembra molto intelligente.

Montesquieu - E quale sarebbe, per Dio!

Machiavelli - Mi piacerebbe avere un principe di casa mia, seduto sui gradini del mio trono, che faccia la parte del malcontento. La sua missione sarebbe quella di presentarsi come un liberale, un critico del mio governo e quindi di radunare, per osservarli più da vicino, coloro che nei più alti ranghi del mio regno potrebbero fare un po' di demagogia. A cavallo tra intrighi interni ed esterni, il principe al quale affiderei tale compito, abbindolerebbe coloro che non sono a conoscenza del segreto della commedia.

Montesquieu - Che cosa? Affidereste ad un principe della vostra stessa casa compiti che voi stesso classificate come compiti di polizia?

Machiavelli - E perché no? So di principi regnanti che, in esilio, sono rimasti in stretto contatto proprio con la polizia segreta.

Montesquieu - Se continuo ad ascoltarvi, Machiavelli, è per avere l'ultima parola su questa spaventosa scommessa.

Machiavelli - Non indignatevi, Barone di Montesquieu. Nell'*Esprit des lois* mi avete definito un grande uomo.

Montesquieu - Mi state facendo espiare a caro prezzo! È per punirmi che vi ascolto. Passate il più rapidamente possibile sopra a tanti sinistri dettagli.

Machiavelli - All'interno, sono costretto a ristabilire il *cabinet noir*.

Montesquieu - Ristabilitelo allora.

Machiavelli - I vostri migliori re ne facevano uso. La segretezza delle lettere non deve essere usata per coprire le trame.

Montesquieu - È questo che vi fa tremare, mi pare di capire.

Machiavelli - Vi sbagliate, perché ci saranno complotti sotto il mio regno: ce ne devono essere.

Montesquieu - E poi?

Machiavelli - Forse vi saranno complotti veri, questo non posso garantirvelo. Di certo, so che ci saranno complotti simulati.

In determinati momenti, questo mezzo può rivelarsi eccellente, proprio per attirare la simpatia del popolo verso il loro principe nel momento in cui la sua popolarità si sta affievolendo. Intimidendo l'opinione pubblica quando serve, si possono introdurre misure di rigore o per lo meno mantenere quelle esistenti. Le false cospirazioni di cui, beninteso, occorre far uso con prudenza massima, hanno ancora un ulteriore vantaggio: esse permettono di scoprire i complotti veri, rendendo possibili perquisizioni volte a cercare ovunque tracce di ciò che si sospetta.

Non vi è nulla di più prezioso che la vita del sovrano.

Occorre che essa sia protetta da uno smisurato numero di agenti, ma al tempo stesso è necessario che questa polizia segreta sia abilmente dissimulata affinché non sembri che il sovrano abbia paura di mostrarsi in pubblico. Mi è stato detto che in Europa le precauzioni a questo riguardo sono talmente perfezionate che un principe che esce per strada, sembra semplicemente un cittadino che passeggia tranquillo tra la gente comune, mentre è circondato da due o tremila guardie del corpo.

D'altronde, la mia polizia sarà disseminata ovunque, in qualsiasi livello della società. Non vi sarà conciliabolo, comitato, salotto o abitazione privata, in cui non vi siano orecchie per ascoltare ciò che si dice in qualunque luogo in qualsiasi momento. Suvvia, per quelli che hanno pratica di potere, è stupefacente la facilità con la quale gli uomini stessi diventano delatori gli uni degli altri. Ancora più stupefacente, è la capacità di osservazione e di analisi che si sviluppa in coloro che fanno parte della polizia politica. Non potete avere la benché minima idea delle loro astuzie, del loro simulare, degli istinti, della passione che mettono nelle loro investigazioni, della loro pazienza e della loro freddezza. Esistono persone di ogni ceto che fanno questo mestiere per una sorta di, come direte voi, amore per l'arte.

Montesquieu - Calate il sipario, grazie!

Machiavelli - Sì, perché lì, nei bassifondi, risiede il potere e segreti che terrorizzano lo sguardo. Vi risparmierò cose più oscure di quelle che avete sentito. Con il sistema che organizzerò, sarò così completamente informato che potrò tollerare anche azioni colpevoli, perché ogni minuto del giorno avrò il potere di fermarle.

Montesquieu - Tollerarle, e perché?

Machiavelli - Perché negli Stati europei il monarca assoluto non deve usare indiscretamente la forza, perché ci sono sempre, nel profondo della società, attività sotterranee sulle quali non si può fare nulla quando escono allo scoperto, perché bisogna fare molta attenzione a non allarmare l'opinione pubblica sulla sicurezza del potere, perché i partiti si accontentano di mormorare, di stuzzicare in modo innocuo, quando sono ridotti all'impotenza, e sarebbe una follia cercare di disarmare anche il loro cattivo umore. Li sentirete lamentarsi, qua e là, sui giornali e nei libri, faranno allusioni contro il governo in qualche discorso o in qualche arringa, manifesteranno minimamente, con un pretesto qualsiasi, la loro esistenza. Tutto ciò avverrà molto timidamente, ve lo prometto, e il pubblico, se se ne dovesse per puro caso accorgere, ne riderà quasi.

Dimostrerò una forte capacità di sopportazione, passerò perfino per bonario: ecco perchè tollererò coloro che potranno essere tollerati senza alcun pericolo. Non voglio nemmeno che si possa dire che il mio governo sia un governo dal temperamento ombroso.

Montesquieu - Queste parole mi ricordano che avete lasciato una lacuna, e molto grave, nei vostri decreti.

Machiavelli - E cioè?

Montesquieu - Non avete parlato della libertà individuale.

Machiavelli - Non la toccherò minimamente, infatti.

Montesquieu - Lo credete? Se vi siete riservati la facoltà di tollerare, vi siete riservati soprattutto il diritto di impedire tutto ciò che ritenete pericoloso. Se gli interessi dello Stato, o anche solo preoccupazione, richiedono che un uomo sia arrestato, in questo momento, nel vostro regno, come si può fare se c'è una qualche legge di *habeas corpus* nella vostra legislazione? E se l'arresto individuale è preceduto da certe formalità, da certe garanzie? Mentre si fa questo, il tempo passerà.

Machiavelli - Permettetemi, sebbene rispetti la libertà individuale, non mi nego a questo proposito qualche utile modifica all'organizzazione giudiziaria.

Montesquieu - Lo sapevo.

Machiavelli - Oh, non gridate vittoria. Sarà la cosa più semplice del mondo. Chi governa in generale la libertà individuale nei vostri Stati parlamentari?

Montesquieu - È un consiglio di magistrati, il cui numero e la cui indipendenza sono la garanzia di coloro che sono sottoposti a giudizio.

Machiavelli - È certamente un sistema viziato. Come si può pretendere che la giustizia abbia la necessaria rapidità di arresto dei malfattori con la lentezza delle deliberazioni di un consiglio?

Montesquieu - Quali malfattori?

Machiavelli - Parlo di coloro che commettono omicidi, furti, crimini e delitti punibili dal diritto comune. Bisogna dare a questa giurisdizione l'unità d'azione di cui ha bisogno: sostituisco il vostro consiglio con un unico magistrato, incaricato di decidere sull'arresto dei criminali.

Montesquieu - Ma qui non si tratta di criminali. Voi, con questa disposizione, voi minacciate la libertà di tutti i cittadini. Distinguete per lo meno i capi d'accusa.

Machiavelli - È proprio questo che non voglio fare. Forse colui che agisce contro il governo non è altrettanto, se non maggiormente, colpevole di colui che commette un crimine o un delitto ordinario? La passione o la miseria attenuano sì molte colpe, ma cosa obbliga le persone ad occuparsi di politica? Così, non vorrei più distinzioni tra delitti comuni e delitti politici. Dove, i governi contemporanei, hanno la possibilità di costituire i tribunali criminali per giudicare i loro detrattori?

Nel mio regno, il giornalista insolente sarà confuso in prigione con il semplice ladro e comparirà assieme a lui dinanzi alla giurisdizione penale. Il cospiratore si presenterà al giurì criminale al pari del falsario e al pari dell'omicida. È un eccellente provvedimento, ricordatevelo, poiché l'opinione pubblica finirà per confondere i due generi di persone dello stesso disprezzo.

Montesquieu - State rovinando le basi stesse del senso morale, ma che vi importa? Ciò che mi stupisce è che abbiate ancora una giuria penale.

Machiavelli - Negli Stati centralizzati come il mio, sono i funzionari pubblici a nominare i membri della giuria. In materia di semplici reati politici, il mio ministro della Giustizia sarà sempre in grado, se necessario, di comporre la camera dei giudici chiamata a giudicare il caso.

Montesquieu - La vostra legislazione interna è irreprensibile. È arrivata l'ora di passare ad altre questioni.

PARTE TERZA

Dialogo Diciottesimo

Montesquieu - Finora vi siete occupati solo delle forme del vostro governo e delle leggi severe necessarie per mantenerlo. È molto, ma non è ancora nulla. Dovete ancora risolvere il problema più difficile di tutti, per un sovrano che voglia esercitare un potere assoluto in uno Stato europeo formato da costumi rappresentativi.

Machiavelli - Qual è questo problema?

Montesquieu - È quello delle vostre finanze.

Machiavelli - Questa questione non mi è sfuggita, perché ricordo di avervi detto che tutto, alla fine, si sarebbe ridotto ad una questione di meri numeri.

Montesquieu - Molto bene, ma qui è la natura stessa delle cose che vi oppone resistenza.

Machiavelli - Voi mi preoccupate, lo confesso, perché vengo da un secolo di barbarie per quanto riguarda l'economia politica e so molto poco di queste cose.

Montesquieu - Mi fa piacere per voi. Permettetemi, però, di farvi una domanda. Ricordo di aver scritto, nell'*Esprit des lois,* che il monarca assoluto era obbligato, per principio del suo governo, a imporre solo piccoli tributi ai suoi sudditi. Sarete forse da meno?

Machiavelli - Non mi impegno, e, in verità, non conosco niente di più contestabile di questa decisione. Come volete che l'apparato di un potere monarchico e l'immagine di una grande corte possano esistere senza imporre alla nazione pesanti sacrifici? La vostra tesi potrebbe essere vera per quanto riguarda, che so la Turchia o la Persia! Presso, cioè, popolazioni non industrializzate che non hanno mezzi per pagare le tasse. Di contro, nelle società europee, dove la ricchezza sgorga dalle fonti del lavoro e si presta a tante forme d'imposta, dove il lusso è un metodo di governo, dove il controllo e la spesa di tutti i servizi pubblici sono concentrati nelle mani dello Stato, dove tutte le alte cariche, tutte le dignità sono retribuite enormemente, come volete, per l'ennesima volta, che ci si possa limitare a modesti tributi tramite tale sistema, benché si è padroni assoluti?

Montesquieu - Questo è verissimo e abbandono la mia tesi, il cui vero significato vi è sfuggito. Perciò, per ovvie cose, il vostro governo sarà più costoso di un normale governo rappresentativo.

Machiavelli - È possibile.

Montesquieu - Sì, ma qui comincia la difficoltà. So come i governi rappresentativi provvedono ai loro bisogni finanziari, ma non ho idea dei mezzi di esistenza del potere assoluto nelle società moderne. Se guardo indietro, al passato, vedo molto chiaramente che può esistere solo alle seguenti condizioni: in primo luogo, il monarca assoluto deve essere un capo militare, come voi certamente riconoscete.

Machiavelli - Sì.

Montesquieu - Bisogna, poi, che egli sia un conquistatore, dal momento che deve trarre dalla guerra tutte le principali risorse per mantenere intatto il suo fasto e i suoi eserciti. Se volesse, per caso, trarre dalle imposte, manderebbe in rovina i suoi sudditi. Vedete dunque che il sovrano assoluto non diminuisce le imposte perché spende meno, ma perché la fonte della sua sussistenza risiede altrove. Al giorno d'oggi la guerra non porta più molto profitto a coloro che la fanno: essa, bensì, manda in rovina i vincitori al pari dei vinti. Eccovi allora una risorsa sulla quale potete tenere conto.

Rimarranno sì le imposte, ma, beninteso, il principe assoluto deve essere in grado di infischiarsi del consenso dei sudditi a riguardo. Negli Stati dispotici esiste una finzione legale che permette di imporre tasse in modo discreto: in via di diritto, si presuppone che il sovrano sia il proprietario di tutti i beni dei sudditi. Quando prende loro qualcosa, egli in realtà non fa nient'altro che riprendersi qualcosa che già gli appartiene. In questo modo, non si potrà opporre resistenza alcuna.

Infine occorre che il principe possa disporre, indiscutibilmente e senza controlli esterni, delle risorse provenienti dall'imposizione fiscale. In materia, sono questi i metodi inevitabili dell'assolutismo. Dovete convenire con me che sarebbe molto difficile, quasi impossibile, ritornare a situazioni simili. Sebbene i popoli contemporanei siano indifferenti, come ammettete voi stesso, alla perdita della loro libertà, non sarà lo stesso quando si tratterà dei loro interessi. Difatti, questi ultimi sono legati ad un sistema economico che esclude il dispotismo a prescindere: se non sei arbitro delle finanze, non lo sei della politica. L'intero vostro regno crollerà sui capitoli del bilancio.

Machiavelli - Su questo punto, come sul resto, sono abbastanza tranquillo.

Montesquieu - Questo è ciò che dobbiamo vedere. Passiamo ora ai fatti. Il voto delle tasse, da parte dei rappresentanti della nazione, è la regola fondamentale degli Stati moderni. Accetterete tale voto?

Machiavelli - Perché no?

Montesquieu - Fate attenzione: questo principio è la più esplicita consacrazione della sovranità della nazione, perché riconoscere il suo diritto di votare le tasse significa riconoscere il suo diritto di rifiutarle, di limitarle, di ridurre a zero i mezzi d'azione del principe e, di conseguenza, di annientare lui stesso, se necessario.

Machiavelli - Siete davvero categorico. Continuate, vi seguo.

Montesquieu - Coloro che votano l'imposta sono essi stessi contribuenti. Qui i loro interessi sono strettamente legati a quelli della nazione, in un punto in cui terrà gli occhi ben aperti. Troverete i suoi rappresentanti molto meno accomodanti di quanto voi li abbiate trovati sulle questioni della libertà.

Machiavelli - È qui che la debolezza dell'argomentazione diventa evidente. Vi prego di prendere nota di due considerazioni che avete dimenticato. In primo luogo, i rappresentanti della nazione sono stipendiati: contribuenti o meno, sono personalmente disinteressati a votare l'imposta.

Montesquieu - Ammetto che il meccanismo può funzionare e che l'appunto è ragionevole.

Machiavelli - Vedete qual è l'inconveniente di guardare le cose in modo troppo sistematico? Alla minima modifica efficace, cambia tutto. Avreste forse ragione se basassi il mio potere sull'aristocrazia, o sulle classi borghesi che potrebbero, in un dato momento, rifiutarmi il loro appoggio. In secondo luogo, però, la mia base d'azione è il proletariato, la cui massa non possiede nulla. Le spese dello Stato non pesano quasi per nulla, anzi farò in modo che non pesino affatto. Le misure fiscali interesseranno poco le classi lavoratrici, non le raggiungeranno.

Montesquieu - Se ho capito bene, questo è molto chiaro: voi fate pagare a chi possiede la volontà sovrana di chi non possiede. Questo è il riscatto che il numero e la povertà impongono alla ricchezza.

Machiavelli - Non è giusto?

Montesquieu - Non è neanche vero, poiché, nei sistemi attuali, dal punto di vista economico non esistono più ricchi o poveri. L'artigiano di ieri è il borghese di domani, in virtù della legge del lavoro. Se voi colpite la borghesia cittadina o industriale, sapete che fine fareste?

In realtà, voi rendete ancora più difficile il processo di emancipazione mediante il lavoro, voi tenete legato al proletariato, il più alto numero di lavoratori. È un'aberrazione credere che il proletariato possa approfittare dei colpi portati alla produzione. Impoverendo con leggi fiscali i ricchi, non si creano che situazioni fittizie e, col passare del tempo, si finisce con l'impoverire ulteriormente i poveri.

Machiavelli - Queste sono belle teorie, ma sono deciso ad opporvene altre altrettanto belle, se lo desiderate.

Montesquieu - No, perché non avete ancora risolto il problema che vi ho posto. Per prima cosa, procuratevi abbastanza denaro per far fronte alle spese della sovranità assoluta. Non sarà così facile come pensate, anche con una camera legislativa in cui avrete una maggioranza assicurata, anche con l'onnipotenza del mandato popolare di cui siete investiti. Ditemi, ad esempio, come riuscirete a piegare il meccanismo finanziario degli Stati moderni alle esigenze del potere assoluto. Ve lo ripeto, qui è la natura stessa delle cose a resistere. I popoli civili d'Europa hanno circondato l'amministrazione delle loro finanze con garanzie così strette, così gelose, così numerose, che non lasciano più spazio all'utilizzo arbitrario dei fondi pubblici.

Machiavelli - Che cos'è dunque questo meraviglioso sistema?

Montesquieu - Posso dirvelo in poche parole.
La perfezione del sistema finanziario dei tempi moderni poggia su due basi fondamentali: il controllo e la pubblicità. È qui che risiede essenzialmente la garanzia dei contribuenti. Un sovrano non potrebbe toccarla senza dire indirettamente ai suoi sudditi: "Voi avete l'ordine, io voglio il disordine, voglio l'oscurità nella gestione dei fondi pubblici; ne ho bisogno perché ci sono molte spese che voglio poter fare senza la vostra approvazione, deficit che voglio poter nascondere, entrate che voglio avere i mezzi per mascherare o aumentare a seconda delle circostanze".

Machiavelli - Siete partito bene.

Montesquieu - Nei Paesi liberi e industriosi, tutti conoscono le finanze, per necessità, per interesse e per stato, e il vostro governo a questo proposito non potrebbe ingannare nessuno.

Machiavelli - E chi ha detto di voler ingannare?

Montesquieu - Tutta l'attività dell'amministrazione finanziaria, per quanto vasta e complessa essa sia nei suoi particolari, sfocia, in ultima analisi, in due operazioni semplicissime: ricevere e spendere.

È proprio attorno a questi due atti finanziari che gravita l'insieme delle leggi e dei regolamenti speciali, i quali hanno uno scopo molto semplice: fare in modo che il contribuente paghi solo l'imposta necessaria, regolamente stabilita e fare in modo che il governo non possa che destinare i fondi pubblici a spese approvate dalla nazione.

Sorvolo su tutto ciò che è relativo all'imponibile e ai modi di riscossione dell'imposta, ai mezzi pratici per assicurare l'integrità delle entrate, all'ordine e alla precisione nel movimento del denaro pubblico: si tratta di dettagli di contabilità di cui non m'interessa parlare. Voglio soltanto mostrarvi come la pubblicità si accorda al controllo nei vari sistemi di politica finanziaria meglio organizzati d'Europa.

Uno dei problemi più importanti da risolvere era quello di riportare completamente in luce, di rendere più visibili tutti gli introiti e le spese sui quali si basa l'impiego dei beni pubblici da parte dei governi. Tale risultato è stato raggiunto tramite la creazione di quello che si chiama, nel linguaggio corrente, bilancio dello Stato.

Non è niente di meno che il prospetto o la stima delle entrate e delle spese previste, non già per un lungo periodo di tempo, ma per ciascun anno di esercizio dell'anno seguente.

Il bilancio annuale è dunque l'elemento capitale e, in un certo qual modo, generatore della situazione finanziaria, la quale si migliora o si aggrava a seconda dei risultati constatati. Le parti che le compongono, sono stilate dai differenti ministri per le materie, che concernono il loro esercizio. Essi prendono come base del loro lavoro gli stanziamenti dell'anno precedente, introducendovi delle modifiche, le addizioni e le sottrazioni se necessarie. Il tutto viene poi inviato al ministro delle finanze che accentra i documenti che gli vengono trasmessi e che presenta all'assemblea legislativa ciò che si chiama progetto di bilancio.

Questo imponente lavoro che è pubblicato, stampato, riprodotto su centinaia di giornali, svela a tutti la politica interna ed estera dello Stato, la sua amministrazione civile, giudiziaria e militare. Esso viene esaminato, discusso e votato dai rappresentanti del Paese e quindi reso esecutivo alla stregua delle altre leggi dello Stato.

Machiavelli - Lasciatemi per un attimo ammirare con quanta lucidità e proprietà di termini, del tutto moderni, l'illustre autore de *L'Esprit de lois* abbia saputo liberarsi, in materia di finanza, dalle teorie un po' vaghe e dai termini talvolta un po' ambigui della grande opera che lo ha reso immortale.

Montesquieu - *L'Esprit des lois* non è un trattato di finanze. Ben appunto.

Machiavelli - La vostra morigeratezza su questo punto, merita ancor più di essere lodata, giacchè avreste potuto parlarne con molta meno competenza. Continuate dunque, ve ne prego. Avete tutte le mie orecchie per voi.

Dialogo Diciannovesimo

Montesquieu - La creazione del sistema di bilancio ha portato con sé, si può dire, tutte le altre garanzie finanziarie che oggi sono la caratteristica comune delle società politiche ben regolate. Così, la prima legge che viene necessariamente imposta dall'economia del bilancio è che gli stanziamenti richiesti devono essere proporzionati alle risorse esistenti. Si tratta di un equilibrio che deve riflettersi costantemente in cifre reali e autentiche, e per garantire meglio questo importante risultato, in modo che il legislatore che vota le proposte che gli vengono presentate non sia soggetto ad alcuna pressione, è stata adottata una misura molto saggia. Il bilancio generale dello Stato è stato diviso in due bilanci distinti: quello delle spese e quello delle entrate, ognuno dei quali deve essere votato separatamente con una legge speciale. In questo modo, l'attenzione del legislatore è costretta a concentrarsi, a turno, sulla situazione attiva e passiva in modo isolato, e le sue decisioni non sono influenzate in anticipo dal bilancio generale delle entrate e delle spese. Egli controlla scrupolosamente questi due elementi, ed è infine dal loro confronto, dalla loro stretta armonia, che nasce il voto generale sul bilancio.

Machiavelli - Tutto questo è molto bello, ma è un caso che la spesa sia racchiusa in un cerchio invalicabile dal voto legislativo? È possibile? Può una camera, senza paralizzare l'esercizio del potere esecutivo, vietare al sovrano di provvedere a spese impreviste con misure di emergenza?

Montesquieu - Noto con molto disappunto che tutto questo vi infastidisce, ma non potrò proprio rammaricarmene.

Machiavelli - Negli stessi Stati costituzionali, non è forse formalmente riservato al sovrano il potere di aprire, per ordinanza, stanziamenti supplementari o straordinari nell'intervallo tra le sessioni legislative?

Montesquieu - È vero, ma ad una condizione: che queste ordinanze siano convertite in leggi quando le camere si riuniscono. Devono essere approvate.

Machiavelli - Non mi sembrerebbe male se venissero approvate una volta che la spesa è stata sostenuta, per ratificare ciò che è stato fatto.

Montesquieu - Lo penso anch'io. Purtroppo non ci si è fermati a tutto questo. La legislazione finanziaria moderna più avanzata vieta di discostarsi dalle normali previsioni di bilancio, se non con leggi che prevedono stanziamenti supplementari e straordinari. Le spese non possono più essere sostenute senza l'intervento del potere legislativo.

Machiavelli - Ma allora non si può nemmeno più governare.

Montesquieu - Sembrerebbe di no. Gli Stati contemporanei hanno compreso che il voto legislativo sul bilancio finirebbe per essere illusorio a causa dell'abuso dei crediti supplementari e straordinari. In misura definitiva, la spesa dovrà essere limitata, allorché le risorse lo siano naturalmente. Gli avvenimenti politici non possono far variare i fatti finanziari da un momento all'altro e l'intervallo delle sessioni non dev'essere mai abbastanza lungo da non rendere possibile un voto extrabilancio.

Si è andati ancora più in là: si è inoltre stabilito che le risorse impegnate per tale e talaltro impiego, possano ritornare al tesoro se non venissero spese. Si è pensato che non bisognava che il governo, pur restando nei limiti delle risorse allocate, potesse impiegare fondi di un capitolo per destinarli ad un altro, coprire quello, scoprire quell'altro, stornando fondi da un ministero ad un altro con decreto: ciò significherebbe, infatti, eludere la destinazione dei fondi stabilita dalla legge e tornare, con abile espediente, all'arbitrio finanziario.

Proprio a tale proposito, si è creato il sistema che si chiama dei capitoli speciali di spesa. Il voto delle spese avviene per capitoli speciali che indicano servizi relativi e della stessa natura per tutti i ministeri. Così, ad esempio, il capitolo A comprenderà, per tutti i ministeri, la spesa A, il capitolo B la spesa B, e via discorrendo. Il risultato di questo meccanismo è che le risorse non impiegate devono essere annullate nella contabilità dei diversi ministeri e riportate al bilancio dell'anno seguente. È superfluo dirvi che la responsabilità ministeriale è la sanzione di tutto il sistema. Ciò che corona le garanzie finanziarie, è l'istituzione di una corte dei conti. Una specie, concedetemelo, di corte di cassazione, incaricata di esercitare permanentemente le funzioni di giurisdizione e di controllo sui conti, sul maneggio e l'impiego di denaro pubblico e con il compito di segnalare quei settori dell'amministrazione finanziaria che possono essere migliorati, sia dal punto di vista delle entrate, sia dal punto di viste delle uscite.

Questo mi pare sufficiente.

Non trovate che, con un'organizzazione di questo tipo, il potere assoluto si troverebbe in un qualche imbarazzo?

Machiavelli - Confesso che sono ancora sconcertato da queste scorribande finanziarie. Mi avete preso per il mio punto debole: vi ho detto che di queste cose ci capisco poco, ma avrei, credeteci, dei ministri che saprebbero come contrastare tutto ciò e dimostrare la pericolosità della maggior parte di queste misure.

Montesquieu - Non potreste farlo voi stessi?

Machiavelli - Sì, potrei. Ai miei ministri il compito di costruire belle teorie: sarà la loro principale occupazione. Per quanto mi riguarda, vi parlerò di finanze più da politico che da economista. C'è una cosa che siete troppo inclini a dimenticare, e cioè che il tema delle finanze è, tra tutte le parti della politica, quella che si presta più facilmente alle massime del trattato del *Principe*. Questi Stati, che hanno bilanci così metodicamente ordinati e registri ufficiali così ben ordinati, mi ricordano i mercanti che hanno libri contabili perfettamente tenuti e alla fine falliscono. Chi ha bilanci più grandi dei vostri governi parlamentari? Cosa costa più della Repubblica Democratica degli Stati Uniti o della Repubblica Reale d'Inghilterra? È vero che le immense risorse di quest'ultima potenza sono messe al servizio della politica più profonda e meglio compresa.

Montesquieu - Non siete in tema. Dove volete arrivare?

Machiavelli - A questo: che le regole dell'amministrazione finanziaria degli Stati non hanno nulla a che vedere con quelle dell'economia interna, che sembra essere il tipo delle vostre concezioni.

Montesquieu - Ah! Ah! La stessa distinzione che c'è tra politica e morale?

Machiavelli - Ebbene sì, non è forse universalmente riconosciuta e praticata? Non era così anche ai vostri tempi, che erano molto meno avanzati da questo punto di vista? Non eravate voi stesso a dire che gli Stati, in materia di finanze, si permettevano comportamenti che avrebbero fatto arrossire il figlio più degenere di un famiglia?

Montesquieu - È vero, l'ho detto, ma se ne traete un argomento a favore della vostra tesi, per me sarà una vera sorpresa.

Machiavelli - Probabilmente intendete dire che non dobbiamo vantarsi di ciò che si fa, ma di ciò che si deve fare.

Montesquieu - Esattamente.

Machiavelli - Rispondo che dobbiamo volere ciò che è possibile, e che ciò che è universalmente fatto non può non essere fatto.

Montesquieu - Questa è pura pratica, sono d'accordo.

Machiavelli - Suppongo che, a conti fatti, il mio governo, assoluto com'è, costerebbe meno caro del vostro. Tralasciamo però questa questione che sarebbe sterile. Vi sbagliate davvero se credete che io mi spaventi della perfezione del sistema finanziario che mi avete appena illustrato.

Io gioisco assieme a voi della regolarità dell'esazione fiscale, dell'integrità delle entrate. Gioisco nell'esattezza dei conti e ne gioisco in un modo più che sincero. Credete dunque che per il sovrano assoluto si tratti di mettere le mani sul tesoro dello Stato e di maneggiare denaro pubblico? Questo eccesso precauzionale mi sembra davvero puerile. È là il pericolo? Tanto meglio! Ancora una volta, se i fondi si raccolgono, si muovono e circolano con la precisione miracolosa che mi avete descritto. Sono davvero intenzionato ad usare, per lo splendore del mio regno, tutte queste meraviglie di contabilità, tutte queste bellezze della materia finanziaria.

Montesquieu - Possedete la *vis comica*. Ciò che mi stupisce di più nelle vostre teorie finanziarie è che sono in contraddizione formale con quanto dite a questo proposito nel trattato del *Principe*, dove raccomandate severamente non solo l'economia nelle finanze, ma persino l'avarizia.

Machiavelli - Se vi stupite di questo, vi sbagliate, perché da questo punto di vista i tempi non sono più gli stessi e uno dei miei princìpi più essenziali è quello di adattarsi ai tempi. Torniamo indietro e lasciamo da parte per un momento, per favore, quello che mi avete detto sulla vostra corte dei conti: questa istituzione appartiene all'ordine giudiziario?

Montesquieu - No, non appartiene a nessun ordine giudiziario.

Machiavelli - È quindi un organo puramente amministrativo. Suppongo che sia perfettamente irreprensibile. Ma il bello verrà proprio quando avrà controllato tutti i conti! Impedisce forse di votare gli stanziamenti e di sostenere le spese? I suoi giudizi di revisione non ci dicono nulla di più sulla situazione rispetto ai bilanci. È una camera di registrazione senza ammonimento, è un'istituzione ingenua, quindi non parliamone. La manterrò, senza preoccupazioni, così com'è.

Montesquieu - La mantenete, dite! Quindi intendete toccare le altre parti dell'organizzazione finanziaria?

Machiavelli - Non ne dubitavate, immagino. Dopo un colpo di Stato politico, non è inevitabile un colpo di Stato finanziario? Non dovrei usare l'onnipotenza per questo come per tutto il resto? Quale virtù magica potrebbe preservare i vostri regolamenti finanziari? Sono come il gigante di qualche fiaba che fu messo in catene dai pigmei mentre dormiva; quando si alzò, le ruppe senza accorgersene. Al giorno dopo del mio avvento, non si tratterà nemmeno di votare il bilancio. Lo decreterò in via straordinaria, aprirò dittatorialmente i crediti necessari e li farò approvare dal mio consiglio di Stato.

Montesquieu - E continuerete così?

Machiavelli - Non è così. Dall'anno successivo tornerò alla legalità; perché non intendo distruggere nulla direttamente, come vi ho già detto più volte. Prima di me è stato regolamentato e io lo regolamenterò a mia volta. Mi avete parlato di votare il bilancio in due leggi separate. Ebbene, Montesquieu, la considero una misura sbagliata. Si ha un'idea molto più precisa della situazione finanziaria quando si vota contemporaneamente il bilancio delle entrate e quello delle spese. Il mio governo è un governo alacre: il tempo prezioso della deliberazione pubblica non dev'essere sprecato in discussioni inutili. D'ora in poi, il bilancio delle entrate e il bilancio delle spese saranno inclusi in un'unica legge.

Montesquieu - Bene. E la legge che vieta ulteriori stanziamenti se non con un voto preventivo della camera?

Machiavelli - La sto abrogando. Ne capite la ragione?

Montesquieu - Sì.

Machiavelli - È una legge che sarebbe inapplicabile sotto qualsiasi regime.

Montesquieu - E lo stanziamento speciale, il voto per capitoli?

Machiavelli - È impossibile mantenerlo: il bilancio delle spese non sarà più votato dai capitoli, ma dai ministeri.

Montesquieu - Questa mi sembra grossa come una montagna Machiavelli, perché il voto per ministero non dà luogo, per ciascuno di essi, che ad un totale da esaminare. È come servirsi, per moderare le spese pubbliche, di una botte senza fondo invece che di un setaccio.

Machiavelli - Non è vero, perché ogni stanziamento, portato in blocco, presenta elementi distinti, dei capitoli come li chiamate voi. Li esamineremo se vogliamo, ma voteremo per dipartimento, con la possibilità di storni da un capitolo all'altro.

Montesquieu - E da un ministero all'altro?

Machiavelli - No, non mi spingo a tanto. Preferisco limitarmi a ciò che è necessario.

Montesquieu - Siete perfettamente moderato, e credete che queste innovazioni finanziarie non susciteranno allarmi nel Paese?

Machiavelli - Perché volete che suscitino più allarme delle altre mie misure politiche?

Montesquieu - Semplicemente perché toccano gli interessi ministeriali.

Machiavelli - Oh, che distinzioni sottili!

Montesquieu - Sottile. Trovo che la parola sia ben scelta. Non siate sottile anche voi, e dite semplicemente che un Paese che non sa difendere le proprie libertà non può difendere il proprio denaro.

Machiavelli - Di che cosa ci si potrebbe lamentare, dal momento che ho conservato i princìpi essenziali del diritto pubblico in materia finanziaria? Le imposte non sono forse regolarmente fissate, regolarmente riscosse e i crediti regolarmente votati? Tutto non si basa forse, qui come altrove, sul suffragio popolare? No, senza dubbio il mio governo non è ridotto all'indigenza. Il popolo che mi ha acclamato, non solo sopporta facilmente lo splendore del trono, ma lo vuole, lo cerca in un principe che sia l'espressione della sua potenza. Soltanto una cosa esso ripudia in realtà: la ricchezza dei propri simili.

Montesquieu - Non scappate ancora, non siete alla fine: io vi riporto al bilancio immancabilmente. Qualunque cosa diciate, la sua stessa organizzazione vincola lo sviluppo del vostro potere. È un limite che potete oltrepassare, ma lo attraversate solo a vostro rischio e pericolo. È pubblicato, i suoi elementi sono noti e rimane lì come barometro della situazione.

Machiavelli - Dal momento che lo desiderate, parliamone.

Dialogo Ventesimo

Machiavelli - Il bilancio è un limite, direte voi. Sì, ma è un quadro elastico che può essere allungato a piacimento. Io sarò sempre dentro, mai fuori.

Montesquieu - Che cosa intendete dire?

Machiavelli - È forse compito mio quello di insegnare a voi come vanno le cose, anche negli Stati la cui organizzazione di bilancio ha raggiunto un'estrema perfezione? La perfezione consiste precisamente nel sapersi svincolare, tramite ingegnosi artifici, da un sistema di restrizioni che in realtà è puramente fittizio.

Che cosa vota ogni anno il vostro bilancio? Null'altro che un regolamento provvisorio, un saggio dei principali avvenimenti finanziari. La situazione non è definitiva, se non dopo che le spese resesi necessarie nel corso dell'anno sono state effettuate. Nei vostri bilanci sono comprese non so quante specie di crediti che rispondono a tutte le possibili eventualità. Crediti complementari, supplementari, straordinari, provvisori, eccezionali e quant'altro. Ciascuno di questi crediti forma, da solo, un bilancio distinto. Ecco dunque che cosa accade: supponiamo che il bilancio generale, quello che viene votato all'inizio di ogni anno, denunci un credito totale di 800 milioni. A metà anno, i movimenti finanziari già non corrispondono più alle prime previsioni: allora si presenta alle camere quello che viene definito il bilancio di rettifica, che aggiunge, supponiamo, 100 o 150 milioni a quello originario. In seguito avremo il bilancio complementare, che vi aggiunge 50 o 60 milioni, e infine la liquidazione, che aggiunge ancora 15, 20, o 30 milioni. Ebbene, al pareggio finale dei conti, lo scarto totale sarà di un terzo della spesa prevista. Ed è proprio su quest'ultima cifra che interviene, quale convalida, il voto delle camere. In questo modo è possibile, in dieci anni, raddoppiare e addirittura moltiplicare il bilancio.

Montesquieu - Che questo accumulo di spese possa essere il risultato dei vostri miglioramenti finanziari, non ne dubito, ma nulla di simile accadrà negli Stati in cui si evitano i vostri metodi. Per di più, non siete ancora arrivati alla fine del percorso: in ultima analisi, le spese devono pareggiare le entrate; come farete?

Machiavelli - Qui tutto dipende dall'arte di raggruppare le cifre da certe distinzioni di spesa, con l'aiuto delle quali si otterrà l'estensione necessaria. Così, ad esempio, la distinzione tra bilancio ordinario e bilancio straordinario può essere di grande aiuto. Dietro al termine straordinario si riesce, senza troppe difficoltà, a fare passare certe spese opinabili e certe entrate più o meno problematiche. Supponiamo di avere, per esempio, 20 milioni di spesa: occorre recuperare 20 milioni di entrate. A tale scopo, io porto in entrata un'indennità di guerra di 20 milioni non ancora percepita, oppure un aumento di 20 milioni dei cespiti derivanti dalle imposte, aumento che sarà realizzato l'anno prossimo. Questo per quanto riguarda le entrate, ed evito di moltiplicare gli esempi. Per le spese, si può ricorrere al procedimento contrario: invece di addizionare, sottrarremo. Così si toglierà dal bilancio delle spese il costo, ad esempio, dell'esazione delle imposte.

Montesquieu - E con quale pretesto, scusatemi?

Machiavelli - Si può dire, e a mio avviso giustamente, che non è una spesa dello Stato. Si può anche, per la stessa ragione, non includere nel bilancio delle spese ciò che costa il servizio provinciale e comunale.

Montesquieu - Non discuto nulla di tutto questo, come vedete. Ma cosa fate con le entrate che sono in deficit, e con le spese che eliminate?

Machiavelli - Il punto fondamentale della questione è la distinzione tra bilancio ordinario e bilancio straordinario. È al bilancio straordinario che devono andare le spese che vi preoccupano.

Montesquieu - Ma alla fine questi due bilanci si sommano e appare la cifra finale della spesa.

Machiavelli - Non si deve fare il totale, anzi. Il bilancio ordinario appare da solo. Il bilancio straordinario è un allegato a cui si provvede con altri mezzi.

Montesquieu - E quali sono?

Machiavelli - Non fatemele anticipare. Potete notare dunque che, in primo luogo, esiste una particolare maniera di presentare il bilancio, di dissimularne il bisogno, il costante aumento. Non esistono governi che non si trovino nella necessità di agire in questo modo. I paesi industriali posseggono inesauribili risorse, ma come potrete verificare, rimangono pesi avari e sospettosi: discutono perfino sulle spese più necessarie. La politica finanziaria non ha più carte dell'altra da mettere in gioco: verremo fermati ad ogni nostro singolo passo. In definitiva, e grazie molte, ne convengo, al perfezionamento del sistema di bilancio, tutto si ritrova, tutto è classificato e, se il bilancio ha i suoi misteri, ha d'altro canto anche le sue luci.

Montesquieu - Ma solo per gli iniziati, senza dubbio. Vedo che state per trasformare la legislazione finanziaria in un formalismo impenetrabile come la procedura giuridica dei Romani al tempo delle dodici tavole. Ma continuiamo. Poiché le vostre spese aumentano, le vostre risorse devono crescere nella stessa proporzione. Troverete, come Giulio Cesare, due miliardi di franchi nelle casse dello Stato, o scoprirete le fonti del Potosio?

Machiavelli - I vostri strali sono degni di un genio. Comunque io farò ciò che fanno tutti i governi: chiederò dei prestiti.

Montesquieu - È qui che volevo portarvi. Certamente pochi sono i governi che non si trovino nella necessità di ricorrere al prestito, ma è altrettanto certo che essi debbano farne un uso prudente. Non saprebbero infatti, senza rischi e senza cadere nell'immoralità, gravare le future generazioni di carichi esorbitanti e sproporzionati alle risorse di cui esse potranno disporre.

Ma come avvengono i prestiti? Lasciate che vi spieghi. Avvengono tramite l'emissione di titoli, con cui il governo si obbliga a fornire una rendita proporzionata al capitale che gli viene versato. Se assumiamo che il prestito è del 5%, lo Stato, in vent'anni, arriva a pagare una somma pari al capitale prestato. In quaranta il doppio, in sessanta il triplo, ma rimarrà comunque in debito dell'intero capitale. Possiamo aggiungere che, se lo Stato aumentasse infinitamente il suo debito senza fare nulla per annullarlo, arriverebbe all'impossibilità di chiedere prestiti o persino al fallimento. Tali risultati sono assai facili da capire: non esiste Paese in cui essi non vengano compresi. Così, gli Stati contemporanei hanno voluto porre una necessaria limitazione all'aumento delle imposte. Essi hanno concepito, proprio a questo proposito, quello che viene chiamato "sistema di ammortamento", combinazione veramente ammirevole per la semplicità e per la praticità di esecuzione. È stato creato un fondo speciale, le cui risorse capitalizzate, sono destinate ad un riscatto permanente del debito pubblico per frazioni successive, in modo che, ogniqualvolta lo Stato chieda un prestito, esso debba dotare il fondo di ammortamento di un certo capitale destinato ad estinguere, entro un determinato periodo di tempo, il nuovo credito. Noterete che questo sistema di limitazione è indiretto e proprio in questo risiede la sua forza. Per mezzo dell'ammortamento, la nazione dice a chi la governa: "Chiedete un prestito, se vi sarete costretti, ma dovrete sempre preoccuparvi di far fronte alla nuova obbligazione che contrarrete in mio nome. Quando si è obbligati senza tregua ad ammortare, prima di contrarre il nuovo debito, ci si pensa due volte. Se ammorterete con regolarità, io accondiscenderò ai vostri prestiti".

Machiavelli - E perché volete che ammortizzi, per favore? Quali Stati hanno un ammortamento regolare? Anche in Inghilterra è sospeso; l'esempio cade nel vuoto, immagino: ciò che non si fa da nessuna parte non si può fare.

Montesquieu - Quindi state eliminando l'ammortamento?

Machiavelli - Lascerò che questo meccanismo funzioni e il mio governo userà i fondi che produce: questa combinazione avrà un grande vantaggio. Quando si presenterà il bilancio, sarà possibile, di volta in volta, mostrare come entrate i proventi dell'ammortamento dell'anno successivo.

Montesquieu - E l'anno successivo apparirà come spesa.

Machiavelli - Non lo so. Dipenderà dalle circostanze, perché mi dispiacerà molto che questa istituzione finanziaria non possa funzionare più regolarmente. I miei ministri si spiegheranno, riguardo a questo, con atteggiamento estremamente violento.. Mio Dio, non pretendo che, dal punto di vista finanziario, la mia amministrazione non abbia degli aspetti criticabili, ma quando i fatti sono ben presentati, si passa sopra a molte cose. Non dimenticate che l'amministrazione delle finanze è per molti anche una questione di stampa.

Montesquieu - Che cos'è questo?

Machiavelli - Non mi avete detto che l'essenza stessa del bilancio è la pubblicità?

Montesquieu - Sì.

Machiavelli - Ebbene, i bilanci non sono forse accompagnati da conti consuntivi, da rapporti, da documenti ufficiali di ogni genere? Quali risorse rappresentano, per un sovrano circondato da uomini abili, tali comunicazioni ufficiali! Io pretendo che il mio ministro delle finanze parli il linguaggio dei numeri con ammirevole chiarezza, che il suo stile letterario sia di una purezza irreprensibile. È utile ripetere incessantemente questa verità, ossia che "attualmente il denaro pubblico viene gestito alla luce del sole". Questa massima deve essere presentata sotto mille forme diverse. Desidererei, perciò, che venissero scritte frasi come la seguente:
"Il nostro sistema di contabilità, frutto di una lunga esperienza, si distingue per la chiarezza e l'evidenza dei suoi metodi. Esso funge da ostacolo ad ogni abuso e impedisce che chiunque, dall'ultimo dei funzionari fino al capo dello Stato in persona, possa deviare la minima somma della sua destinazione o farne un uso irregolare".
Verranno usate le vostrebbe parole, Montesquieu, d'altronde non si potrebbe far di meglio, e si dirà: "La perfezione del sistema finanziario riposa su due fattori: controllo e pubblicità. Il controllo che impedisce che anche

un soldo possa uscire dalle mani dei contribuenti per entrare nelle casse dello Stato, passare da una cassa all'altra e uscirne per finire tra le mani di un creditore dello Stato senza che la legalità della sua esazione, la regolarità dei suoi movimenti e la legittimità del suo uso siano controllati da agenti responsabili, verificati giuridicamente da magistrati inamovibili e definitivamente sanzionati nei conti votati dalla camera".

Montesquieu - O Machiavelli, voi scherzate sempre, ma nel vostro scherzo risiede sempre qualcosa di infernale.

Machiavelli - Dimenticate proprio il luogo dove ci troviamo.

Montesquieu - Voi sfidate il cielo.

Machiavelli - Dio sonda i cuori.

Montesquieu - Continuate ora.

Machiavelli - All'inizio dell'anno finanziario, il sovrintendente alle finanze dichiarerà quanto segue:
"Nulla altera, fino a questo momento, le previsioni del bilancio attuale. Pur senza farsi illusioni è possibile, tuttavia, nutrire la speranza che, per la prima volta, dopo molti anni, il bilancio, nonostante il servizio dei prestiti, presenti tutto sommato un reale equilibrio. Tale risultato, ottenuto in tempi eccezionalmente difficili, rappresenta la migliore delle prove del fatto che l'ascesa del pubblico patrimonio non ha mai rallentato".
Può andare bene?

Montesquieu - Continuate.

Machiavelli - A questo proposito, parleremo della svalutazione, che vi preoccupava poco fa, e diremo:

"L'ammortamento sarà presto in funzione. Se il progetto che abbiamo concepito a questo proposito si realizzasse, se le entrate dello Stato continuassero a crescere, non sarebbe impossibile che, nel bilancio che verrà presentato tra cinque anni, i conti pubblici finissero con un'eccedenza di entrate".

Montesquieu - Le vostre speranze sono a lungo termine; ma quando si arriverà all'ammortamento, se, dopo aver promesso di metterlo in funzione, non se ne farà nulla, che cosa direte?

Machiavelli - Diranno che non era il momento giusto e che bisogna aspettare ancora. Possiamo andare molto oltre: alcuni economisti autorevoli negano che la svalutazione sia davvero efficace. Sono teorie che conoscete, ma posso pur ricordarvele.

Montesquieu - È inutile.

Machiavelli - Si fanno pubblicare queste teorie in giornali non ufficiali, le si insinua da soli, infine un giorno si potranno riconoscere apertamente.

Montesquieu - Ma come! Dopo aver riconosciuto in precedenza l'efficacia del deprezzamento e averne esaltato i vantaggi!

Machiavelli - Un governo illuminato non deve forse seguire, a poco a poco, il progresso economico del proprio secolo?

Montesquieu - Nulla di più perentorio. Lasciamo stare l'ammortamento. Quando non sarete riusciti a mantenere nessuna delle vostre promesse, quando vi troverete sommersi dalle spese, dopo aver fatto intravedere un surplus di entrate, cosa direte?

Machiavelli - Se necessario, ne converrò con disinvoltura. Una tale franchezza onora i governi e commuove i popoli quando proviene da un potere forte. In compenso, il mio ministro delle finanze cercherà di togliere ogni significato all'aumento delle spese. Egli dirà, ed è vero: "La pratica finanziaria dimostra che gli scoperti non sono mai interamente confermati. Di solito, nel corso dell'anno, sopravviene una certa quantità di nuove risorse, dovuta in particolare all'aumento dei proventi delle imposte; d'altronde, una quota considerevole dei crediti votati, non essendo stata impiegata, verrà annullata".

Montesquieu - E questo succederà?

Machiavelli - A volte esistono, in materia finanziaria, frasi fatte che fanno molto effetto sul pubblico. Lo calmano, lo rilassano a dovere.

Così, presentando ad arte questo o quell'altro debito, si dirà: questa cifra non è esorbitante, è normale, è conforme ai precedenti bilanci; la cifra del debito fluttuante è molto rassicurante. Esiste inoltre una moltitudine di locuzioni simili di cui non vi parlerò, in quanto ci sono altri artifici pratici più importanti sui quali vi voglio richiamare all'attenzione.

In primo luogo, in tutti i documenti ufficiali, è necessario insistere sullo sviluppo della prosperità, dell'attività commerciale e dell'aumento sempre crescente dei consumi.

Il contribuente è meno turbato dalla sproporzione dei bilanci quando gli si ripetono queste cose, ed è possibile ripetergliele a sazietà senza che ne diffidi mai, talmente magico è l'effetto che gli scritti ufficiali sortiscono sullo spirito degli sciocchi borghesi. Quando l'equilibrio del bilancio è rotto, e si voglia, per l'anno successivo, preparare gli spiriti a qualche "errore di calcolo", si dirà prima, in qualche rapporto, "l'anno prossimo lo scoperto non sarà che di...".

Se lo scoperto risulta inferiore alle previsioni, sarà un vero e proprio trionfo. Se risulterà invece superiore, si potrà dire: "Il deficit è stato più grande di quanto non avessimo previsto, ma aveva raggiunto una cifra superiore l'anno passato. A conti fatti, la situazione è migliore, perché si è speso meno e tuttavia si sono attraversate circostanze eccezionalmente difficili: la guerra, la carestia, le epidemie, impreviste crisi di sussistenza, ecc., ecc.

Ma l'anno prossimo l'aumento delle entrate permetterà, con ogni probabilità, di raggiungere un equilibrio da così tanto tempo ricercato: il debito verrà ridotto, il bilancio 'convenientemente' pareggiato. Tale progresso continuerà, si spera, e, salvo avvenimenti straordinari, l'equilibrio diverrà abitudine delle nostre finanze, così come ne è regola".

Montesquieu - Questa è una commedia di alto livello: l'abitudine sarà come la regola: non prenderà mai piede, perché immagino che, sotto il vostro regno, ci sarà sempre qualche circostanza straordinaria, qualche guerra, qualche crisi di sussistenza.

Machiavelli - Non so se ci saranno crisi di sussistenza; quel che è certo è che terrò molto alta la bandiera della dignità nazionale.

Montesquieu - Questo è il minimo che si possa fare. Se otterrete la gloria, non dovrete ringraziarla, perché nelle vostre mani è solo un mezzo di governo: non pagherà i debiti del vostro Stato.

Dialogo Ventunesimo

Machiavelli - Temo che voi abbiate qualche pregiudizio nei confronti dei prestiti: essi sono preziosi sotto più punti di vista. legano le famiglie al governo, sono ottimi investimenti per i privati, e gli economisti moderni riconoscono ormai formalmente che, lungi dall'impoverire gli Stati, i debiti pubblici li arricchiscono. Mi permettete di spiegarvi come?

Montesquieu - No, perché credo di conoscere queste teorie. Visto che parlate sempre di prestiti e mai di rimborsi, vorrei sapere innanzitutto a chi chiederete tanti capitali e per cosa li chiederete.

Machiavelli - Le guerre esterne sono un grande aiuto in questo senso. Nei grandi Stati, permettono di prendere in prestito 5 o 600 milioni: si fa in modo di spenderne solo la metà o i due terzi, e il resto trova posto nel tesoro, per le spese interne.

Montesquieu - Cinque o seicento milioni, direte voi! E chi sono i banchieri dei tempi moderni che possono negoziare prestiti il cui capitale da solo sarebbe l'intera fortuna di certi Stati?

Machiavelli - Usate ancora questi metodi rudimentali di prestito? Lasciatemelo dire, quando si parla di economia finanziaria, questa è quasi una barbarie. Al giorno d'oggi non prendiamo più prestiti dai banchieri.

Montesquieu - E a chi dunque?

Machiavelli - Invece di fare accordi con i capitalisti, che si accordano per superarsi a vicenda e il cui numero esiguo annienta la concorrenza, ci rivolgiamo a tutti: ricchi, poveri, artigiani, commercianti, chiunque abbia un centesimo da spendere: apriamo la cosiddetta sottoscrizione pubblica e, affinché tutti possano acquistare le rendite, le dividiamo in cedole di importo molto ridotto. Si vende a partire da dieci franchi di rendita, cinque franchi di rendita fino a centomila franchi, un milione di rendita. Il giorno dopo l'emissione, il valore di questi titoli sarà in ascesa, diviene un premio come si suol dire: la gente lo sapeva, e si precipiterà a comprarli; si dirà che è stata una follia. In pochi giorni, le casse del tesoro scoppieranno. Si riceverà così tanto denaro che nessuno saprà dove metterlo; ciononostante si farà di tutto per prenderlo, perché, qualora la sottoscrizione superi il valore dei titoli emessi, ci si potrà aspettare un grande effetto sull'opinione pubblica.

Montesquieu - Ah.

Machiavelli - Restituiremo il denaro ai ritardatari, dando al fatto grande risalto con l'ausilio della stampa. Sarà un colpo di scena preparato. L'eccedenza arriva talvolta a due o trecento milioni: provate a pensare a che livello l'opinione pubblica è colpita dalla fiducia che il Paese nutre per il governo.

Montesquieu - Fiducia che si mescola a uno spirito di speculazione forsennato, a mio avviso. In effetti avevo sentito parlare di questa combinazione, ma tutto ciò che avete in bocca è davvero fantastico. Beh, avete un sacco di soldi, ma...

Machiavelli - Ne avrei anche più di quanto pensiate, perché nelle nazioni moderne ci sono grandi istituti bancari che possono prestare 100 e

200 milioni direttamente allo Stato al tasso ordinario; anche le grandi città possono prestare. Esistono inoltre organismi che vengono chiamati istituti di previdenza: sono casse di risparmio, fondi di soccorso, casse pensioni. Lo Stato suole esigere che i loro capitali, che sono immensi e possono talvolta giungere a cinque o seicento milioni, siano versati al tesoro pubblico, insieme al quale vengono gestiti, tramite il pagamento di interessi piuttosto bassi a coloro che li depositano.

Montesquieu - Permettetemi dunque di interrompervi: voi parlate solo di prendere a prestito o di emettere cambiali. Non vi preoccupate mai di pagare qualcosa?

Machiavelli - È bene dirvi ancora una volta che possiamo, se necessario, vendere i beni demaniali.

Montesquieu - Ah, vi state vendendo adesso! Ma non vi preoccuperete di pagare alla fine?

Machiavelli - Senza dubbio. Ora è il momento di dirvi come affrontare il passivo.

Montesquieu - Voi dite, trattiamo il passivo: vorrei un'espressione più esatta, chiara e puntuale.

Machiavelli - Uso questa espressione perché la ritengo sinceramente corretta. Non si può sempre estinguere il passivo, ma lo si può affrontare: la parola è anche molto energica, perché il passivo è un nemico temibile.

Montesquieu - Ebbene, come lo affronterete?

Machiavelli - A questo proposito, ci sono molti modi: innanzitutto, ci sono le tassazioni o imposte.

Montesquieu - Cioè, le passività utilizzate per pagare le passività.

Machiavelli - Lei mi parla da economista e non da finanziere. Non confondete le due cose. Con i proventi di un'imposta si può effettivamente pagare. So che le tasse suscitano proteste; se quella stabilita è scomoda, se ne trova un'altra o si reintroduce la stessa con un altro nome. C'è una grande arte, come sapete, nel trovare i punti vulnerabili nella materia imponibile.

Montesquieu - E voi l'annienterete ben presto, immagino.

Machiavelli - Ci sono altri modi: c'è quello che si chiama conversione.

Montesquieu - Ah! Ah!

Machiavelli - È quello relativo al debito consolidato, cioè al debito che deriva dall'emissione dei prestiti. Ad esempio, si dice a coloro che hanno prestato denaro allo Stato: fino ad oggi ti ho pagato il 5% del tuo denaro, era infatti il tasso d'interesse stabilito. D'ora in poi, non intendo darti più del quattro e mezzo o del 4%. Acconsenti a questa riduzione o ti verrà rimborsato il capitale che mi hai prestato.

Montesquieu - Ma se il denaro viene davvero restituito, trovo comunque la procedura abbastanza onesta.

Machiavelli - Senza dubbio viene restituito, se viene richiesto, ma pochi se ne preoccupano. I risparmiatori hanno le loro abitudini, i loro fondi sono investiti, hanno fiducia nello Stato e preferiscono una rendita minore e un investimento sicuro. Se tutti chiedessero i loro soldi, è ovvio che l'erario si troverebbe spiazzato. Questo non accade mai e con questo mezzo ci liberiamo di un passivo di diverse centinaia di milioni.

Montesquieu - È un espediente immorale, checché se ne dica; un prestito forzoso che deprime la pubblica fiducia.

Machiavelli - Voi non conoscete i reddituari. Ecco un'altra combinazione relativa a un altro tipo di debito. Vi ho detto prima che lo Stato aveva a disposizione i fondi delle casse di previdenza e che li utilizzava pagando l'affitto, salvo restituirli alla prima richiesta. Se, dopo averli maneggiati per molto tempo, non è più in grado di restituirli, consolida il debito che si trova nelle sue mani.

Montesquieu - So che cosa significa. Lo Stato dice ai depositanti: voi volete i vostri soldi, io non li ho più: ecco una rendita.

Machiavelli - Esattamente, e consolida allo stesso modo tutti i debiti che non può più onorare. Consolida i buoni del tesoro, i debiti contratti con le città, con le banche, insomma tutti quelli che compongono quello che molto pittorescamente viene chiamato il debito fluttuante, perché è composto da crediti che non hanno alcun assetto determinato e la cui scadenza è più o meno vicina.

Montesquieu - Usate mezzi singolari per sgravare lo Stato.

Machiavelli - Che cosa mi si può rimproverare se faccio solo quello che fanno gli altri?

Montesquieu - Oh, se tutti lo fanno, bisognerebbe essere davvero molto duro per rimproverare Machiavelli.

Machiavelli - Non vi dico la millesima parte delle combinazioni che si possono usare. Lungi dal temere l'aumento delle rendite perpetue, vorrei che tutto il patrimonio pubblico fosse messo a rendita: farei in modo che le città, i comuni, gli stabilimenti pubblici convertissero in rendite i loro beni immobili o i loro capitali mobili. È l'interesse stesso della mia dinastia che mi impone di prendere queste misure finanziarie. Non ci sarebbe, nel mio regno, neppure uno scudo che non sia legato da un filo sottile alla mia esistenza.

Montesquieu - Ma proprio da questo punto di vista, da questo punto di vista fatale, raggiungerete il vostro scopo? Non sapete che in tutte le nazioni d'Europa esistono vari mercati di fondi pubblici in cui la prudenza e la saggezza, l'onestà dei governi è venduta all'asta? Col modo in cui voi gestite le vostre finanze, i vostri depositi saranno respinti con la perdita dei mercati stranieri e finiranno a corso più basso anche nella borsa del vostro regno.

Machiavelli - Siete in flagrante errore. Un governo glorioso, come sarebbe il mio, non può non godere di grande credito all'estero. All'interno, il suo vigore supererebbe le apprensioni. Inoltre, non vorrei che il credito del mio Stato dipendesse dai tranelli di qualche mercante di seggio. Dominerei la Borsa attraverso la Borsa.

Montesquieu - Avete dell'altro?

Machiavelli - Avrò dei giganteschi istituti di credito creati apparentemente per concedere prestiti all'industria, ma la cui funzione più reale sarebbe quella di sostenere le rendite. Capaci di gettare sul mercato 400 o 500 milioni di titoli, o di rarefare il mercato, questi monopoli finanziari sarebbero sempre padroni dei prezzi. Che ne dite di questo meccanismo?

Montesquieu - Che affari d'oro vi faranno i vostri ministri, i vostri favoriti e le vostre amanti! Così, il vostro governo giocherà in Borsa con i segreti di Stato?

Machiavelli - Ma che cosa state dicendo!?

Montesquieu - Allora datemi una spiegazione alternativa sull'esistenza di questi istituti. Finché i vostri discorsi rimangono meramente teorici, ci si sarebbe potuti sbagliare sul vero volto della vostra ideologia. Da quando invece sono scesi sul terreno delle applicazioni pratiche, non lo si può più. Il vostro governo sarà unico nella storia: non lo si potrà prendere in giro mai.

Machiavelli - Se qualcuno nel mio regno dicesse quello che voi suggerite, sparirebbe come un fulmine.

Montesquieu - Il fulmine è un bell'argomento: siete felice di averlo a disposizione. Avete finito con la finanza?

Machiavelli - Sì.

Montesquieu - Il tempo avanza a grandi passi.

PARTE QUARTA

Dialogo Ventiduesimo

Montesquieu - Prima di ascoltarvi, non conoscevo né lo spirito delle leggi né quello della finanza. Vi sono debitore per avermi insegnato entrambi. Voi avete nelle vostre mani il più grande potere dei tempi moderni, il denaro. Potete ottenere quasi tutto quello che volete. Con tali prodigiose risorse farete senza dubbio grandi cose: questo è il momento di dimostrare finalmente che dal male può nascere il bene.

Machiavelli - È, in effetti, ciò che intendo fare.

Montesquieu - Ebbene, vediamo.

Machiavelli - La più grande delle mie benedizioni sarà, innanzitutto, quella di aver dato pace interiore al mio popolo. Sotto il mio regno, gli istinti cattivi sono frenati, i buoni sono rassicurati e i malvagi tremano. Ho restituito libertà, dignità e forza ad un Paese dilaniato prima di me dalle fazioni.

Montesquieu - Dopo aver cambiato tante cose, non arriverete a cambiare il senso delle parole?

Machiavelli - La libertà non consiste nella licenza, così come la dignità e la forza non consistono nell'insurrezione e nel disordine. Il mio impero, pacifico all'interno, sarà glorioso oltre i propri confini.

Montesquieu - Ma come?

Machiavelli - Farò la guerra nelle quattro parti del mondo. Attraverserò le Alpi, come Annibale; farò la guerra in India, come Alessandro; in Libia, come Scipione; andrò dall'Atlante al Toro, dalle rive del Gange al Mississippi, dal Mississippi al fiume Amur. La grande muraglia della Cina cadrà davanti al mio nome; le mie legioni vittoriose difenderanno, a Gerusalemme, la tomba del Salvatore e a Roma, il vicario di Gesù Cristo; in Perù, i loro piedi calpesteranno la polvere degli Incas, in Egitto le ceneri di Sesostri; in Mesopotamia quelle di Nabucodonosor. Come discendente di Cesare, Augusto e Carlo Magno, vendicherò, sulle rive del Danubio, la disfatta di Varo, e su quelle dell'Adige la rotta di Canne; sul Baltico, gli oltraggi dei Normanni.

Montesquieu - Vi prego di fermarvi, vi imploro. Se vendicate in questo modo le sconfitte di tutti i grandi condottieri, non ne sareste all'altezza. Non vi paragonerò a Luigi XIV, al quale Boileau disse: "*Grand roi cesse de vaincre ou je cesse d'écrire*", questo paragone vi umilierebbe. Vi concedo che nessun eroe dell'antichità o dei tempi moderni può essere paragonato a voi. Ma non è questo il punto: la guerra in sé è un male. Serve, nelle vostre mani, a far tollerare un male più grande: la servitù. Ma dov'è, in tutto questo, il bene che mi avevate promesso di compiere?

Machiavelli - Non c'è bisogno di equivocare: la gloria è già di per sé un grande bene; è il più potente capitale accumulato; un sovrano che ha la gloria ha tutto il resto. È il terrore degli Stati vicini, l'arbitro d'Europa. Il suo credito è invincibile, perché, checché se ne dica sulla sterilità delle vittorie, la forza non rinuncia mai ai suoi diritti. Si fingono guerre di idee, si ostenta il disinteresse e, un bel giorno, si conquista una provincia ambita e si impone un tributo di guerra ai vinti.

Montesquieu - Ma, se posso dirlo, in questo sistema è perfettamente giusto farlo, se si può; altrimenti, la professione militare sarebbe troppo sciocca.

Machiavelli - Vedete che le nostre idee cominciano a convergere un po'.

Montesquieu - Sì, come Atlante e Toro. Vediamo le altre grandi cose del vostro regno.

Machiavelli - Non disdegno quanto voi mi credete un parallelo con Luigi XIV. In molte cose sarei simile a lui: come lui, erigerei costruzioni ciclopiche. Tuttavia, sotto questo punto di vista, la mia ambizione andrebbe ben oltre la sua e quella dei più famosi tiranni. Vorrei mostrare al popolo di essere in grado di erigere in pochi anni monumenti per i quali, un tempo, sarebbero stati necessari secoli. I palazzi dei sovrani, miei predecessori, verrebbero demoliti e ricostruiti con caratteristiche nuove. Metterei sottosopra intere città per ricostruirle in maniera decisamente più armonica su piante nuove, allo scopo di ottenere i migliori effetti di prospettiva. Non potete neanche immaginare fino a che punto tali opere leghino i popoli ai loro sovrani. Si potrebbe persino dire che essi perdonano facilmente chi distrugge le loro leggi, purchè, contemporaneamente, costruisca loro delle case. D'altro canto, avrete modo di notare come l'architettura rappresenti un indispensabile supporto per il raggiungimento di obiettivi di grande importanza.

Montesquieu - Dopo aver costruito gli edifici, cosa farete?

Machiavelli - State correndo troppo velocemente: il numero delle grandi azioni non è illimitato. Ditemi allora se, da Sesostri a Luigi XIV, arrivando a

Pietro I, i due punti cardinali dei grandi regni non siano stati la guerra e la costruzione.

Montesquieu - Avete ragione, ma ci sono stati sovrani assoluti che si sono preoccupati di approvare buone leggi, di migliorare la morale e di introdurre semplicità e decoro. Abbiamo visto sovrani che si sono preoccupati dell'ordine finanziario, dell'economia; che hanno pensato di lasciare dietro di sé ordine, pace, istituzioni durature, talvolta persino la libertà.

Machiavelli - Tutto ciò sarà fatto. D'altra parte, anche nei sovrani assoluti esiste qualcosa di buono: voi stessi ve ne siete reso conto.

Montesquieu - Ahimè, non troppo. Ma provate a dimostrare che mi sbaglio. Avete per caso qualche bell'esempio da citare?

Machiavelli - Darei un impulso prodigioso all'imprenditoria: il mio regno sarebbe il regno degli affari. Lancerei la speculazione in direzioni nuove e finora sconosciute. La mia amministrazione allenterebbe persino alcuni dei suoi anelli. Libererei una miriade di industrie dalla regolamentazione: macellai, fornai e imprenditori teatrali sarebbero liberi.

Montesquieu - Liberi di fare cosa?

Machiavelli - Liberi di cuocere il pane, liberi di vendere la carne e liberi di organizzare imprese teatrali, senza il permesso delle autorità.

Montesquieu - Non so che cosa significhi. La libertà d'industria è il diritto comune dei popoli moderni. Non avete niente di meglio da insegnarmi?

Machiavelli - Mi preoccuperei costantemente del destino del popolo. Il mio governo darebbe loro lavoro.

Montesquieu - Lasciate che il popolo se lo trovi da solo, è meglio. Nessun potere politico ha il diritto di farsi pubblicità con il denaro dei sudditi. Le entrate dello Stato nient'altro sono che una colletta, il cui frutto deve essere usato per la collettività. Gli operai, abituati a contare sullo Stato, sono demotivati, perdono la loro energia ogni giorno che passa, il loro slancio e il loro fondo di ingegnosità. Il fatto di essere pagati dallo Stato li fa cadere in una sorta di servitù, dalla quale non si possono liberare se non distruggendo lo Stato stesso. Le vostre opere architettoniche fagocitano somme enormi, incanalandole verso spese improduttive. Rarefanno i capitali, opprimono la piccola industria e impoveriscono i ceti più bassi. Il prezzo di tutte queste vostre trovate sarà solo uno: la fame. Iniziate ad economizzare e costruirete. Governate con moderazione e giustizia, governate il meno possibile ed il popolo non avrà nulla da chiedervi, perché non avrà più bisogno di voi.

Machiavelli - Con quanta freddezza guardate alle miserie del popolo! I princìpi del mio governo sono ben diversi: ho nel cuore i sofferenti, i piccoli. Mi indigno quando vedo i ricchi godere di piaceri inaccessibili alla maggioranza. Farò tutto il possibile per migliorare la condizione materiale dei lavoratori, degli operai, di coloro che si piegano sotto il peso della necessità sociale.

Montesquieu - Allora cominciate a dare loro gli emolumenti dei vostri alti dignitari, dei vostri ministri e dei vostri ambasciatori. Riservate loro i doni che costantemente elargite ai vostri paggi, ai vostri cortigiani e alle vostre amanti. Meglio ancora, deponete la porpora, la cui vista è un affronto all'uguaglianza fra gli uomini. Iniziate a sbarazzarvi degli appellativi di Maestà, Altezza, Eccellenza, che feriscono come punte acuminate le orecchie orgogliose. Chiamatevi protettore come Cromwell, ma abbiate con voi gli Atti degli Apostoli. Andate a vivere nelle capanne come Alfredo il Grande, iniziate a dormire negli ospedali, stendetevi sui letti degli ammalati come San Luigi. È troppo facile fare la carità quando la vostra vita trascorre tra le feste, quando dormite in sontuose alcove assieme a donne bellissime, quando, tutte le volte che vi coricate e vi svegliate, alte personalità si affannano a vestirvi. Siate padre di famiglia e non despota. Patriarca e non principe.

Se tale ruolo non vi si addice, siate capo di una repubblica democratica, concedete libertà, introducetela nei vostri costumi con forza viva, se è nel vostro temperamento. Siate Licurgo, Agesilao, siate un Gracco, ma davvero io non posso capacitarmi di questa indolente civiltà dove ogni cosa viene meno, sbiadisce di fronte al principe, ove tutte le sue menti e tutte le anime sembrano nascere dallo stesso stampo. Secondo me è naturale desiderare di regnare su uomini, ma non desiderare di farlo su automi.

Machiavelli - Questo è uno sproloquio che non riesco a fermare. Con frasi del genere si rovesciano i governi.

Montesquieu - Ahimè! Non avete mai altra preoccupazione che quella di mantenere voi stessi al potere. Per mettere alla prova il vostro amore per il bene pubblico, basta che vi si chieda di scendere dal trono in nome della salvezza dello Stato. Il popolo, di cui siete il rappresentante eletto, dovrebbe solo esprimervi la sua volontà a questo proposito per sapere che uso fate della sua sovranità.

Machiavelli - Che strana domanda! Non è forse per il suo stesso bene che io dovrei resistergli?

Montesquieu - Che ne sapete voi? Se il popolo è al di sopra di voi, che diritto avete di subordinare la sua volontà alla vostra? Se siete liberamente accettato, se non siete giusto, ma solo necessario, perché vi aspettate tutto dalla forza e niente dalla ragione? Fate bene a tremare incessantemente per il vostro regno, perché sarete uno di quelli che durano un giorno.

Machiavelli - Un giorno! Io durerò tutta la vita, e forse anche i miei discendenti dopo di me. Conoscete il mio sistema politico, economico e finanziario. Volete sapere qual è il mezzo finale con cui spingerò le radici della mia dinastia fino agli ultimi strati del suolo?

Montesquieu - No.

Machiavelli - Rifiutate di capirmi. Siete un vinto, un perdente. Voi e i vostri princìpi, la vostra scuola di pensieri e il vostro secolo.

Montesquieu - Insistete, continuate pure a parlare, ma che questa sia l'ultima conversazione.

Dialogo Ventitreesimo

Machiavelli - La vostra verbosità torrenziale non merita risposta alcuna. Le esercitazioni retoriche non hanno nulla a che vedere con il discorso che stiamo facendo. Non è forse follia chiedere ad un re di scendere dal trono per il bene del suo popolo? Ed è forse possibile dirgli: "Dal momento in cui tu sei emanazione del suffragio popolare, ai mutamenti dell'opinione pubblica affida il tuo destino, lasciati mettere in discussione?". Non è forse vero che ogni potere costituito ha come prima norma quella di difendere se stesso, non solo nel proprio interesse ma nell'interesse del popolo su cui si governa? Non ho forse fatto la più grande concessione possibile nei confronti dei moderni princìpi di uguaglianza? Un governo sorto dal suffragio universale non è forse, in ultima istanza, espressione della volontà dei più? Mi risponderete che tale principio distrugge le libertà pubbliche: ma che cosa posso farci? Quando esso è entrato nei costumi, come potrei estirparlo? E se non potrà essere estirpato, conoscete un modo per poterlo attuare, nelle grandi società europee, se non per mano di un solo uomo? Voi siete severo sui metodi di governo: indicatemene un altro e, se non esiste alternativa al potere assoluto, ditemi come sia possibile eliminare le imperfezioni che lo caratterizzano, alle quali la sua stessa assenza lo condanna.

Non sono San Vincenzo de' Paoli, poiché i miei sudditi non hanno bisogno di uno spirito evangelico, ma di un braccio. Non sono nemmeno un Agesilao, un Licurgo o un Gracco, perché non sono a Sparta, né a Roma, ma in seno a società lascive che uniscono la furia della voluttà a quella delle armi, l'impeto della forza a quello dei sensi, che rifiutano ormai l'autorità divina come quella paterna e ogni freno religioso. Non sono stato io a creare il mondo in cui vivo: sono così perché lui è così. Avrei forse la forza di arrestare il suo declino? No, non posso che prolungare la sua vita, giacché esso si dissolverebbe ancor più velocemente se fosse abbandonato a se stesso. Afferro questa società per i suoi vizi, giacché non ha che vizi: se avesse delle virtù, la afferrerei per le virtù. Ma se i princìpi di austerità possono opporsi alla mia autorità, non potranno tuttavia nascondere il reale servigio reso da me, dal mio genio e dalla mia stessa potenza.

Io sono il braccio, sono la spada delle rivoluzioni che mette fuori strada il soffio precursore della distruzione finale. Il mio scopo è quello di trattenere le forze irrazionali che non hanno altro impulso, in fondo, che la brutalità degli istinti, e che, sotto la maschera dei buoni princìpi, celano forte volontà di trasgressione. Se riuscissi a disciplinare queste forze, arrestandone l'espansione all'interno della mia patria, non foss'altro che per un secolo soltanto, non sarei forse degno di lei? Non avrei forse il diritto alla riconoscenza degli Stati europei, i quali dovrebbero guardare me, come ad Osiride, che, da solo, ha la capacità di accattivarsi folle frementi? Guardate dunque più lontano e inchinatevi dinanzi a colui che porta impresso in fronte il fatale emblema dell'umana predestinazione.

Montesquieu - Angelo sterminatore, nipote di Tamerlano, riducete i popoli all'ilotismo, non eviterete che da qualche parte ci siano anime libere che vi sfideranno, e il loro disprezzo basterebbe a salvaguardare i diritti della coscienza umana resa impercettibile da Dio.

Machiavelli - Dio protegge i forti.

Montesquieu - Venite dunque, vi prego, agli ultimi anelli della catena che avete forgiato. Stringetela bene, usate l'incudine e il martello. Potete fare di tutto. Dio vi protegge. È lui che guida la vostra stella.

Machiavelli - Ho difficoltà a comprendere il fervore che in questo momento anima le vostre parole. È possibile che io sia così duro, proprio io che perseguo una politica non di violenza ma di moderatezza? Rassicuratevi dunque: sto per dirvi inattese parole di conforto. Permettetemi, tuttavia, di prendere ancora qualche precauzione necessaria alla mia sicurezza: vedrete come, con i miei accorgimenti, un principe non ha da temere nulla.

Esiste più di un legame tra i nostri scritti, checché voi ne diciate, ed io rimango convinto che un despota che non voglia essere completo, non può non esimersi dal leggervi. Così, voi sottolineate molto bene, nell'*Esprit de lois*, che un sovrano assoluto deve dotarsi di numerose guardie pretoriane: è un buon consiglio ed io lo seguirò. Ma la guardia pretoriana sarà pari circa a un terzo degli effettivi del mio esercito. Sono un grande estimatore della coscrizione, che è una delle migliori creazioni del genio francese, ma credo che vada perfezionata, cercando di trattenere, sotto le armi, il massimo numero possibile di uomini che hanno già terminato il servizio di leva. Raggiungerò tale scopo, io credo, impossessandomi risolutamente di quella specie di commercio, tipica di alcuni Stati come la Francia, e cioè l'arruolamento volontario dietro compenso. Sopprimerò questo laido traffico, esercitandolo onestamente io stesso sotto forma di monopolio, creando una cassa di dotazione dell'esercito, che mi servirà a chiamare e tenere sotto le armi, con il miraggio del denaro, coloro che vorranno dedicarsi esclusivamente alla disciplina militare.

Montesquieu - Sono dunque questi i mercenari che aspirate a formare nel vostro Paese!

Machiavelli - Sì, l'odio dei partiti dirà che, mentre io sono mosso solo dal bene del popolo e dall'interesse, peraltro legittimo, della conservazione del potere, che è il bene comune dei miei sudditi.

Passiamo ad altre questioni. Ciò che vi sorprenderà è che sto tornando sul tema degli edifici. Vi avevo avvertito che saremmo tornati su questo argomento. Vedrete l'idea politica che emerge dal vasto sistema di edifici che ho intrapreso; sto così realizzando una teoria economica che ha causato molti disastri in alcuni Stati europei, la teoria dell'organizzazione del lavoro permanente per le classi lavoratrici. Il mio regno promette loro un salario indefinito. Io morto, il mio sistema abbandonato, niente più lavoro, il popolo sciopera e attacca le classi ricche. Siamo nel bel mezzo di una rivoluzione: dissesto industriale, distruzione del credito, insurrezione nel mio Stato, rivolta intorno ad esso. L'Europa è in fiamme.

Permettetemi di fermarmi soltanto un attimo. Ditemi se le classi privilegiate, che tendono, per natura, a preoccuparsi dei propri beni, non finiranno per fare causa comune, e ancor più strettamente collaboreranno, con le classe operaie per mantenere al potere me o i miei discendenti; e ancora se tutte le grandi potenze non appoggeranno quella stessa causa nell'interesse della pace in Europa.

Come si vede, la questione della costruzione, che può sembrare piccola, è in realtà colossale. Quando si tratta di una cosa così importante, non si possono risparmiare i sacrifici. Avrete notato che quasi tutte le mie idee politiche sono abbinate a considerazioni finanziarie? È quello che sto facendo qui. Istituirò un fondo per le opere pubbliche che doterò di diverse centinaia di milioni, con l'aiuto dei quali farò costruire l'intera superficie del mio regno. Avete intuito il mio obiettivo: faccio in modo che il rischio di una sommossa popolare incomba sempre: è esattamente l'altro esercito di cui mi servo contro le fazioni. È necessario, però, impedire che questa massa di proletari che io gestisco, possa, nel giorno in cui venga a trovarsi senza pane, rivoltarsi contro di me. È a questo che io provvedo, proprio attraverso le costruzioni, perché la particolarità dei miei espedienti consiste nel fatto che ciascuno di essi genera contemporaneamente i propri corollari.

L'operaio che lavora per me, lavora nel frattempo contro i propri strumenti di difesa. Senza saperlo, si esilia con le proprie mani dai grandi centri, ove la sua potenza mi inquieterebbe: è lui stesso a condannare all'insuccesso le rivoluzioni. Il risultato delle grandi opere architettoniche è, in effetti, quello di ridurre lo spazio in cui l'artigiano può vivere, di ricacciarlo nei sobborghi, per poi farglieli ben presto abbandonare, perché il costo della vita cresce con il crescere degli affitti. Pertanto la mia capitale, ad eccezione delle zone più decentrate, non sarà molto vivibile per chi è costretto a mantenersi con il proprio lavoro. Non sarà dunque certo in quartieri vicini alle sedi delle autorità cittadine, che le sommosse potranno nascere. Senza dubbio, attorno alla capitale, la popolazione operaia sarà immensa e la sua collera temibile, ma le costruzioni che innalzerò saranno tutte concepite secondo un piano strategico: esse lasceranno spazio a grandi vie di comunicazione nelle quali, da un capo all'altro, potrà circolare il cannone. Queste grandi arterie collegheranno innumerevoli caserme, specie di piccole fortezze con soldati, armi e munizioni. In questa situazione, soltanto un vecchio inetto o un fanciullo potrebbe arrendersi di fronte ad una rivolta, perché un solo gesto della mia mano basterebbe a determinare un intervento armato di tali proporzioni, da spazzare via la rivolta fino a venti leghe dalla capitale. Ma il sangue che mi scorre nelle vene è rovente, e la mia stirpe ha in sé il marchio della forza. Mi state ascoltando?

Montesquieu - Sì.

Machiavelli - Ma voi capite che io non intendo rendere la vita difficile alla popolazione attiva della capitale? Qui mi trovo di fronte ad un ostacolo, questo è innegabile. La fertilità delle risorse che il mio governo deve avere mi suggerirebbe un'idea: si tratterebbe di costruire per la gente comune vaste città dove gli alloggi sarebbero a buon mercato, e dove le loro masse sarebbero riunite in coorti come in vaste famiglie.

Montesquieu - Delle trappole per topi, insomma.

Machiavelli - Oh, lo spirito di denigrazione, l'odio acerrimo dei partiti non mancheranno di denigrare le mie istituzioni. Diranno quello che dite voi. Non m'interessa, se il metodo non funziona se ne troverà un altro.

Non posso lasciare il capitolo degli edifici senza menzionare un dettaglio apparentemente insignificante, ma che cosa c'è di insignificante nella politica? Gli innumerevoli edifici che costruirò devono portare il mio nome, devono avere attributi, bassorilievi, gruppi che ricordino un soggetto della mia storia. Le mie armi e la mia cifra devono essere intrecciate ovunque. Qui, gli angeli sosterranno la mia corona; più in là, le statue della giustizia e della saggezza sosterranno le mie iniziali. Questi punti sono per me della massima importanza. È proprio attraverso questi segni ed emblemi che la persona del sovrano è sempre presente: viviamo con lui, con la sua memoria, con i suoi pensieri. Il sentimento della sua assoluta sovranità entra nelle menti più ribelli come la goccia d'acqua che incessantemente cade dalla roccia erode la base del granito. Per la stessa ragione voglio che la mia statua, il mio busto, i miei ritratti siano in tutti gli stabilimenti pubblici, soprattutto nelle aule di giustizia; voglio essere rappresentato in costume reale o a cavallo.

Montesquieu - Accanto all'immagine di Cristo.

Machiavelli - No. Di fronte, perché il potere sovrano è un'immagine del potere divino. La mia immagine è quindi combinata con quella della Provvidenza e della giustizia.

Montesquieu - La giustizia stessa deve indossare la vostra livrea. Voi non siete un cristiano, siete un despota del basso impero greco.

Machiavelli - Sono un imperatore cattolico, apostolico e romano. Per le stesse ragioni che vi ho appena esposto, voglio che il mio nome, il nome "Reale", sia dato alle istituzioni pubbliche di qualsiasi tipo. La Corte Reale, il Tribunale Reale, l'Accademia Reale, il Corpo Legislativo Reale, il Senato Reale, il Consiglio Reale di Stato; per quanto possibile, lo stesso nome sarà dato ai funzionari, agli agenti ed al personale ufficiale che circondano il governo. Il luogotenente del re, l'arcivescovo del re, l'attore del re, il giudice del re, l'avvocato del re. Infine, il nome "Reale" sarà dato a chiunque, uomo o cosa, rappresenti un segno di potere. Solo la mia festa sarà una festa nazionale e non reale. Aggiungo anche che, per quanto possibile, le strade, le piazze pubbliche e gli incroci dovranno portare nomi che richiamino le memorie storiche del mio regno. Se seguirete queste linee guida, anche se siete Caligola o Nerone, avrete la certezza di rimanere impressi per sempre nella memoria del popolo e di trasmettere il vostro prestigio ai posteri. Avrei molto altro da dire, ma devo limitarmi.

Eccomi giunto ai provvedimenti di minore entità: mi spiace, perchè questi argomenti forse non risultano degni della vostra attenzione, ma per quanto mi riguarda, sono vitali.

Si suole affermare che la burocrazia sia una piaga dei governi monarchici: non credo proprio. Si tratta di migliaia di dipendenti effettivamente legati al sistema esistente. Possiedo un esercito di soldati, uno di giudici e uno di operai. Ne voglio uno anche di impiegati.

Montesquieu - Non vi curate di giustificare nulla.

Machiavelli - Ne ho il tempo?

Montesquieu - No, andate avanti.

Machiavelli - Negli Stati che sono stati monarchici, e tutti lo sono stati almeno una volta, ho notato che c'è una vera frenesia per i cordoni, i nastri. Queste cose non costano quasi nulla al principe, che con qualche pezzo di stoffa, qualche sonaglio d'argento o d'oro può rendere felice il popolo, anzi i fedeli. La verità è che sarei negligente se non decorassi tutti coloro che me lo chiedono. Un uomo decorato è un uomo conquistato. Farei di questi segni di distinzione un'insegna di richiamo per i sudditi devoti; credo che per questo prezzo avrei undici dodicesimi del mio regno. Così facendo, soddisfo, per quanto possibile, l'istinto di uguaglianza della nazione. Si noti questo: quanto più una nazione in generale apprezza l'uguaglianza, tanto più gli individui hanno una passione per le distinzioni. Ecco una possibilità d'intervento di cui sarebbe controproducente privarsi. Lungi dal rinunciare ai titoli, come mi avete consigliato, li moltiplicherò assieme alle cariche. Voglio nella mia corte l'etichetta di Luigi XIV, la gerarchia domestica di Costantino, un rigido formalismo diplomatico, un cerimoniale imponente. Questi sono mezzi infallibili per governare le menti delle masse. In tutto questo, il sovrano appare come un Dio.

Sono certo che negli Stati che sembrano più democratici dal punto di vista delle idee, la vecchia nobiltà monarchica non ha perso quasi per nulla il suo prestigio. Avrò come ciambellani, gentiluomini delle più antiche famiglie. Molti nomi antichi sarebbero senza dubbio estinti: in virtù del mio potere sovrano, li farei rivivere assieme ai loro titoli. Così, nella mia corte, si troverebbero i più grandi nomi della storia, da Carlo Magno in poi.

Queste idee possono sembrare bizzarre, ma posso assicurarvi che esse saranno utili al consolidamento della mia dinastia più delle migliori leggi. Il culto del principe è una specie di religione e, come tutte le religioni possibili, questo culto impone contraddizioni e misteri al di là della ragione. Ogni mia azione, per quanto inspiegabile possa sembrare, nasce da un calcolo che ha come unico obiettivo la mia salvezza e quella della mia dinastia. Come dico, inoltre, nel Trattato sul *Principe,* ciò che è veramente difficile è acquisire il potere. Risulta però facile mantenerlo, perché in breve basta eliminare ciò che danneggia e stabilire ciò che protegge. La caratteristica essenziale della mia politica, come avete visto, è stata quella di rendermi indispensabile, distruggendo tutte le forze organizzate necessarie, affinché nulla potesse funzionare senza di me, in modo che gli stessi nemici del mio potere temessero di rovesciarlo.

Ora non mi resta che sviluppare i mezzi morali che stanno germogliando nelle mie istituzioni. Il mio regno è un regno di piaceri: non mi proibite di animare il mio popolo con giochi e feste. Così si ammorbidisce la morale. Non si può negare che questo secolo sia il secolo del denaro: i bisogni sono raddoppiati, il lusso sta rovinando le famiglie. Gli uomini aspirano ovunque ai piaceri materiali: un sovrano dovrebbe proprio vivere fuori dal suo tempo, per non volgere a proprio vantaggio questa universale forma di passione per il denaro e questo furore sensuale che oggi consuma gli uomini. La povertà li stringe come in una morsa, la lussuria li stritola, l'ambizione li divora. A questo punto, sono miei. Ma quando parlo così, in fondo è l'interesse del mio popolo che mi guida. Sì, farò emergere il bene dal male, sfrutterò il materialismo a vantaggio dell'armonia e della civiltà, spegnerò le passioni politiche degli uomini placando ambizioni, brame e bisogni. Rivendico come servitori del mio regno coloro che, sotto i governi precedenti, hanno fatto più rumore in nome della libertà. Le virtù più austere sono come quella della moglie di Gioconda: basta raddoppiare il prezzo per farle crollare. Chi resiste al denaro non resiste agli onori e chi resiste agli onori non resiste al denaro. Vedendo cadere a loro volta coloro che si credevano i più puri, l'opinione pubblica si indebolirà a tal punto che finirà per abdicare completamente. Come possiamo lamentarci quando tutto è stato detto e fatto? Sarò rigoroso solo in ciò che ha a che fare con la politica, perseguiterò solo questa passione. Favorirò anche segretamente le altre attraverso i mille canali sotterranei di cui dispone il potere assoluto.

Montesquieu - Dopo aver distrutto la coscienza politica, avete dovuto distruggere la coscienza morale; avete ucciso la società, ora state uccidendo l'uomo. Piaccia a Dio che queste vostre parole risuonino fin sulla terra: mai confutazione più evidente delle vostre dottrine avrà colpito orecchie umane.

Machiavelli - Lasciatemi finire.

Dialogo Ventiquattresimo

Machiavelli - Non mi resta che indicarvi alcune particolarità del mio modo di agire, alcune abitudini di comportamento che daranno al mio governo la sua fisionomia definitiva.

In primo luogo, voglio che i miei piani siano impenetrabili anche a coloro che mi sono più vicini. In questo senso, sarei come Alessandro VI e il duca Valentino, di cui si diceva proverbialmente alla Corte di Roma: del primo, "che non faceva mai quello che diceva", del secondo "che non diceva mai quello che faceva". Io comunicavo solo i miei piani per ordinarne l'esecuzione e davo i miei ordini solo all'ultimo momento. Borgia non fece diversamente: i suoi stessi ministri non sapevano nulla e quelli che lo circondavano erano sempre ridotti a formulare mere congetture. Se il mio obiettivo è là, io, immobile, guardo da un'altra parte e quando capisco di poterlo raggiungere, mi volto di colpo e piombo sulla preda prima che essa abbia avuto il tempo di lanciare un grido.

Non potete immaginare il prestigio che questo potere di occultamento conferisce ad un principe. Quando si combina con un'azione vigorosa, un rispetto superstizioso lo circonda, i suoi consiglieri si chiedono che cosa uscirà dalla sua testa, il popolo ripone la sua fiducia solo in lui: ai loro occhi egli personifica la Provvidenza, le cui vie sono sconosciute. Quando il popolo lo vede passare, pensa con involontario terrore a ciò che potrebbe fare con un gesto della testa. Gli Stati vicini sono sempre in soggezione e lo ricoprono di segni di deferenza, perché non sanno mai se qualche impresa pronta per l'uso non piomberà su di loro da un giorno all'altro.

Montesquieu - Potete permettervi di opprimere il vostro popolo perché lo tenete sotto controllo, ma se ingannerete gli Stato con i quali trattate, allo stesso modo con cui ingannate i vostri sudditi, ben presto finirete nel mirino di una coalizione a voi avversa.

Machiavelli - Mi state facendo allontanare dal mio argomento, perché qui mi occupo solo della mia politica interna; ma se volete sapere uno dei principali mezzi con cui terrei a freno la coalizione degli odi stranieri, eccolo: vi ho detto che regno su un regno potente. Ebbene, cercherei intorno ai miei Stati un grande Paese decaduto che aspira a risorgere, lo farei risorgere interamente attraverso una guerra generale, come è accaduto con la Svezia, con la Prussia, come potrebbe accadere da un giorno all'altro con la Germania o con l'Italia, e questo Paese, che vivrebbe solo grazie a me, che non sarebbe altro che un'emanazione della mia esistenza, mi darebbe, finché sarò in piedi, trecentomila uomini in più contro l'Europa armata.

Montesquieu - Quali garanzie avrà il vostro Stato se gli costruite accanto una potenza rivale che un giorno potrebbe trasformarsi in un nemico?

Machiavelli - Prima di tutto, io bado a me stesso.

Montesquieu - Quindi non avete nulla, nemmeno la preoccupazione per le sorti del vostro regno?

Machiavelli - Chi vi dice questo? Provvedere alla mia salvezza, non è forse provvedere allo stesso tempo alla salvezza del mio regno?

Montesquieu - La vostra fisionomia regale si fa sempre più chiara. Ora voglio vederla nella sua interezza.

Machiavelli - Vi prego di non interrompermi.

Un principe, per quanto forte sia la sua testa, troverà sempre in sé le necessarie risorse di spirito. Uno dei più grandi talenti di un uomo di Stato consiste nell'appropriarsi dei consigli che sente intorno a sé. Molto spesso si possono trovare consigli illuminanti. Per questo motivo, molto spesso riunivo il mio consiglio e lì facevo discutere e dibattere le questioni più importanti davanti a me. Quando il sovrano non si fida delle sue impressioni, o non ha sufficienti risorse linguistiche per mascherare i suoi veri pensieri, deve rimanere in silenzio o parlare solo per avviare un'ulteriore discussione. È molto raro che, in un consiglio ben composto, la vera linea da seguire in una determinata situazione, non venga formulata in un modo o nell'altro. La si coglie e assai spesso uno di coloro che hanno espresso la propria opinione in modo molto oscuro si stupisce il giorno dopo di vederla realizzata. Avete avuto modo di vedere, nelle mie istituzioni e nelle mie azioni, quanta cura ho sempre avuto nel creare apparenze: questo è necessario sia nelle parole che nei fatti. Il massimo dell'abilità è far credere di essere onesti, quando si ha fede punica. Non solo i miei disegni saranno impenetrabili, ma le mie parole avranno quasi sempre il significato opposto a quello che sembrano indicare. Solo gli iniziati potranno penetrare il significato delle parole caratteristiche che in certi momenti farò cadere dal trono; quando dico: il mio regno è la pace, significa che sarà la guerra; quando dico che mi appello ai mezzi morali, significa che userò i mezzi della forza. Mi state ascoltando?

Montesquieu - Sì.

Machiavelli - Avete potuto notare che la mia stampa ha cento voci e che parla incessantemente della grandezza del mio regno, dell'entusiasmo dei miei sudditi per il loro sovrano e allo stesso tempo mette in bocca al pubblico le opinioni, le idee e perfino le formule di linguaggio che devono essere la chiacchiera della città. Avete anche visto che i miei ministri stupiscono continuamente il pubblico con le prove indiscutibili del loro lavoro. Quanto a me, parlo raramente, solo una volta all'anno, e poi occasionalmente in occasioni speciali. Quindi ogni mio evento sarebbe accolto, non solo nel mio regno, ma in tutta Europa, come un evento.

Un principe il cui potere si fonda su una base democratica deve usare un linguaggio raffinato e al tempo stesso popolare. Se necessario, non deve avere paura di parlare come un demagogo, perché dopo tutto è il popolo e deve avere le sue passioni. Deve avere certe attenzioni, certe lusinghe, certe dimostrazioni di sensibilità che troveranno spazio all'occasione. Poco importa se, agli occhi del mondo, questi metodi potranno sembrare maschili o infantili: il popolo non guarderà tanto per il sottile e si otterranno gli effetti desiderati. Nel mio libro raccomando ai principi di prendere a modello qualche grande uomo del passato, di cui seguire il più possibile le orme. Queste assimilazioni storiche hanno ancora un grande effetto sulle masse. Crescete nella loro immaginazione, vi date in vita il posto che i posteri vi hanno riservato. Inoltre, nella storia di questi grandi uomini troviamo paragoni, indicazioni utili, situazioni talvolta identiche, da cui traiamo preziosi insegnamenti, perché tutte le grandi lezioni politiche si trovano nella storia. Quando si è trovato un grande uomo con cui si hanno delle somiglianze, si può fare ancora meglio: si sa che la gente gradisce che un principe abbia una mente colta, un gusto per la letteratura, persino un talento per essa. Ebbene, il principe non potrebbe impiegare meglio il suo tempo libero che scrivendo, ad esempio, la storia del grande uomo del passato che ha preso a modello. Una filosofia severa potrebbe considerare queste cose come una debolezza, ma quando il sovrano è forte gli vengono perdonate, e gli concedono persino una sorta di grazia.

Alcune debolezze, e persino alcuni vizi, servono al principe quanto le virtù. Potete vedere la verità di queste osservazioni dall'uso che ho dovuto fare della doppiezza e della violenza. Non dovete credere, per esempio, che la natura vendicativa del sovrano possa danneggiarlo; al contrario. Se spesso è opportuno usare la clemenza o la magnanimità, ci devono essere momenti in cui la sua ira si sfoga terribilmente. L'uomo è l'immagine di Dio, e la divinità non è meno rigorosa nei suoi colpi di quanto sia misericordiosa. Quando avrò deciso di distruggere i miei nemici, li schiaccerò finché di loro non resterà che polvere. Gli uomini si vendicano solo per le offese minori, non possono fare nulla contro quelle maggiori. Questo è ciò che dico espressamente nel mio libro. Il principe ha solo la possibilità di scegliere gli strumenti da usare nella sua ira. Troverà sempre giudici pronti a sacrificare la loro coscienza ai suoi piani di vendetta o di odio.

Non temete che il popolo si turbi per i colpi che infliggerò. In primo luogo, gli piace sentire la forza del braccio che li comanda, e poi egli odia, per sua natura, chi si eleva e prova quindi una gioia istintiva nel vederlo colpito. Forse non capite bene quanto sia facile dimenticare. Quando il tempo della punizione è passato, le stesse persone che sono state colpite difficilmente se ne ricordano. A Roma, ai tempi del Basso Impero, Tacito riferisce che le vittime correvano verso il supplizio con inspiegabile gioia. Capite bene che non c'è nulla di simile nei tempi moderni, nei quali la morale è diventata molto mite: qualche divieto, il carcere, la decadenza dei diritti civili, sono punizioni molto leggere. È vero che, per ottenere il potere sovrano, è stato necessario versare sangue e violare molti diritti, ma, ripeto, tutto è dimenticato. La più piccola cautela da parte del Principe, qualche buona cortesia da parte dei suoi ministri o dei suoi agenti, saranno accolte con i più alti segni di gratitudine.

Se è indispensabile punire con inflessibile rigore, è necessario ricompensare con la stessa puntualità: questo è ciò che non mancherò mai di fare. Chiunque rendesse un servizio al mio governo sarebbe ricompensato il giorno dopo. Posizioni, distinzioni e le più alte dignità sarebbero passi sicuri per chiunque fosse in grado di servire utilmente la mia politica. Nell'esercito, nella magistratura, in tutte le cariche pubbliche, l'avanzamento sarebbe

calcolato in base alle sfumature delle opinioni e al grado di zelo per il mio
governo. Voi siete senza parole.

Montesquieu - Continuate.

Machiavelli - Tornerò a parlare di certi vizi e di anche certe bizzarrie che
io reputo necessari in un principe. Il maneggio del potere è una proprietà
formidabile. Per quanto abile un sovrano possa essere, per quanto infallibili
possano essere le sue decisioni, nella sua esistenza rimane tuttavia, una vasta
alea di rischio. Bisogna essere superstiziosi. Guardatevi dal credere che
questo abbia scarse conseguenze. Ci sono nella vita dei principi, momenti e
situazioni, talmente gravi e difficili da rendere vana l'umana prudenza. In
casi come questi, ogni decisione è una partita a dadi. La via che consiglio e
che seguirei, consiste, in certe congiunture, nel ricollegarsi a date storiche, a
fortunati anniversari, nel mettere una decisione difficile sotto gli auspici di
un giorno in cui si è ottenuta una vittoria o si è fatto un felice colpo di mano.
La superstizione presenta un altro grande vantaggio: il popolo conosce bene
questa tendenza. Tali procedure augurali sovente producono gli effetti
desiderati: occorre perciò adottarle nei casi in cui si sia sicuri del successo. Il
popolo, che non valuta che i risultati, si abitua a credere che ogni atto del
sovrano corrisponda a segni celesti, che le coincidenze storiche forzino la
mano della fortuna.

Montesquieu - L'ultima parola è detta. Siete un buon giocatore.

Machiavelli - Sì, ma ho una fortuna inaudita, una mano così sicura e una
testa così fertile che il destino non può voltarmi le spalle.

Montesquieu - Visto che vi state ritraendo, dovete avere altri vizi o virtù
da far passare.

Machiavelli - Chiedo venia per la lussuria. La passione per le donne serve al sovrano molto più di quanto si possa immaginare. Enrico IV doveva parte della sua popolarità alla sua dissolutezza. Gli uomini sono fatti in modo tale da gradire questa tendenza in coloro che li governano. La dissoluzione dei costumi è sempre stata una furia, una carriera galante in cui il principe deve superare i suoi pari, così come supera i suoi soldati davanti al nemico. Queste idee sono francesi, e non credo che dispiacciano troppo all'illustre autore delle *Lettres persanes*. Non mi è consentito cadere in considerazioni troppo volgari, ma non posso esimermi dal dirvi che il risultato più reale della galanteria del principe è quello di conquistare la simpatia della metà migliore dei suoi sudditi.

Montesquieu - Voi tendete al complimento galante.

Machiavelli - Si può essere seri e galanti: voi ne avete dato la prova. Non tolgo nulla alla mia proposta. L'influenza delle donne sull'opinione pubblica è notevole. Nella buona politica, il principe è condannato ad essere galante, anche se non gli interessa davvero: ma questo sarà un caso raro.

Posso assicurarvi che, se seguirò attentamente le regole che ho appena enunciato, nel mio regno ci si preoccuperà veramente poco del problema della libertà. Il sovrano sarà vigoroso, dissoluto, seduttore, avvezzo ad ogni attività fisica: sarà perciò amato. Gli uomini retti non conteranno nulla; si seguirà la corrente; meglio ancora, le persone indipendenti verranno messe all'indice: ce ne libereremo. Non saranno credute pure né disinteressate. Se farò in modo di scoraggiare qua e là l'ingegno, esso sarà bandito ovunque: cammineremo sulle coscienze come sul pavimento. Ma, in fondo, sarò un principe morale: non permetterò che si vada al di là di certi limiti. Rispetterò il pubblico pudore ovunque mi accorgerò che voglia essere rispettato. Le zozzerie non mi colpiranno perchè le scaricherò sulle branchie già avversate della mia amministrazione. La peggior cosa che si potrà dire di me, sarà che sono un buon principe circondato da cattivi consiglieri, che è il bene che io ardentemente desidero, e sempre lo perseguirò, quando me ne verrà indicata la strada.

Sapeste com'è facile governare quando si ha nelle mani un potere assoluto! Nessuna contraddizione, nessuna resistenza. Si possono seguire tranquillamente i propri disegni ed in più si ha il tempo di correggere i propri errori. Si può, senza opposizione di sorta, costruire la felicità del popolo, perché è di questa che mi preoccupo da sempre. Posso assicurarvi che nel mio regno non ci si annoierà: le menti saranno costantemente impegnate in mille diverse occupazioni. Donerò al popolo lo spettacolo delle mie carrozze e lo splendore della mia corte; verranno organizzate spettacolari cerimonie, costruirò giardini, offrirò ospitalità a sovrani stranieri e inviterò ambasciatori dai Paesi più lontani. Le guerre che il mio regno dovrà affrontare, saranno combattute in nome della libertà dei popoli e dell'indipendenza delle nazioni e, mentre al mio passaggio i popoli mi acclameranno, io sussurrerò all'orecchio dei sovrani assoluti: "Non temete, io sono dei vostri: porto, come voi, la corona e ci tengo a conservarla. Faccio mia la libertà dell'Europa, ma solo per soffocarla".

Montesquieu - Anche i ciechi se ne accorgerebbero.

Machiavelli - Ma il mio popolo no. Ad eccezione di alcuni gruppi di cui mi importa poco. Inoltre, ho formato intorno a me una scuola di politici di grande importanza. Non potete immaginare quanto sia contagioso il machiavellismo e quanto sia facile seguirne i precetti. In tutti i rami del governo ci saranno uomini di poco o nessun conto, che saranno veri machiavellici sul più piccolo dei piedi, che dissimuleranno astutamente, che mentiranno con imperturbabile compostezza; la verità non potrà venire alla luce da nessuna parte.

Montesquieu - Se durante il nostro colloquio avete semplicemente scherzato, cosa della quale sono convinto, Machiavelli caro, allora io plaudo a questa vostra ironia come alla tua più grande opera.

Machiavelli - Ironia? Vi sbagliate di grosso se lo pensate. Non capite che ho parlato senza velo, e che è la terribile violenza della verità a dare alle mie parole il colore che credete di vedere!

Montesquieu - Avete finito?

Machiavelli - Non ancora.

Montesquieu - Finite allora.

Dialogo Venticinquesimo

Machiavelli - Governerò per dieci anni a queste condizioni, senza cambiare nulla nella mia legislazione. Nulla, assolutamente nulla, deve farmi variare in questo intervallo di tempo. Il coperchio della caldaia deve essere di ferro e piombo; è in questo periodo che si sviluppa il fenomeno della distruzione dello spirito fazioso. Potreste pensare che siamo infelici, che ci lamentiamo. Ah! Sarei imperdonabile se fosse così: Ma quando le molle saranno tese più di ora, quando senza pietà comprimerò con il mio peso il petto del mio popolo, ecco che si sentirà dire: abbiamo ciò che ci meritiamo, soffriamo.

Montesquieu - Siete davvero cieco se prendete questa frase come un'apologia del vostro regno e se non capite che l'espressione di queste parole è un violento rimpianto per il passato. È una parola stoica che annuncia il giorno della punizione.

Machiavelli - Mi confondete. È venuto il momento di allentare le molle, restituirò qualche libertà.

Montesquieu - Era mille volte meglio quando il vostro dominio era oppressivo. Ora il vostro popolo vi risponderà di tenervi ciò che avete conquistato.

Machiavelli - Ah! Ecco di nuovo l'odio implacabile dei partiti. Mai concedere nulla ai propri avversari politici, nulla, nemmeno un singolo favore.

Montesquieu - No, Machiavelli, siete voi che non avete nulla da perdere. La vittima immolata non può ricevere favori dal proprio carnefice.

Machiavelli - Oh, come potrei facilmente penetrare i pensieri segreti dei miei nemici a questo proposito. Si lusingano, sperano che la forza di espansione che sto comprimendo mi lancerà prima o poi nello spazio. Stupidi! Solo alla fine mi conosceranno per quello che sono realmente. Che cosa occorre in politica, per non esplodere quando si è troppo compressi? Un'impercettibile apertura. La si avrà.

Non concederò, ovviamente, libertà considerevoli, tuttavia. Basta vedere fino a che punto l'assolutismo sarà già penetrato nei costumi. Posso garantire che al primo suono di queste libertà, intorno a me si leveranno voci di terrore. I miei ministri e consiglieri grideranno che sto abbandonando il timone, che tutto è perduto. Mi pregheranno, in nome della salvezza dello Stato, in nome del Paese, di non fare nulla. Il popolo dirà: a che cosa pensa? Il suo genio sta scemando; gli indifferenti diranno: è arrivato al capolinea; gli odiatori diranno: è morto.

Montesquieu - E avranno tutti ragione, perché un pubblicista moderno ha detto con grande verità: "Vogliamo privare gli uomini dei loro diritti? Non dobbiamo fare nulla a metà. Ciò che viene lasciato loro viene utilizzato per recuperare ciò che viene tolto. La mano che rimane libera libera l'altra dalle sue catene".

Machiavelli - Tutto ciò è vero: so di espormi parecchio. Vedete come gli altri siano ingiusti verso di me che amo la libertà più di quanto non si dica.

Poco fa mi avete domandato se, in caso di necessità, sarei in grado di dimostrare abnegazione e sacrificarmi per il mio popolo, se per esso avrei il coraggio di scendere dal trono. Eccovi ora la mia risposta: scenderò dal trono per affrontare il martirio.

Montesquieu - Siete commovente Machiavelli. Quali libertà mi concederete?

Machiavelli - Permetterò all'assemblea legislativa di presentarmi per iscritto, all'inizio di ogni nuovo anno, l'espressione dei suoi sentimenti.

Montesquieu - Ma poiché la stragrande maggioranza dell'assemblea è dedicata a voi, cosa potete raccogliere se non ringraziamenti ed espressioni di ammirazione e di amore?

Machiavelli - Ebbene, sì. Non sono forse naturali queste testimonianze?

Montesquieu - Sono tutte libertà?

Machiavelli - Ma questa prima concessione è notevole, checché se ne dica. Però non mi fermerò qui. Oggi in Europa c'è un certo movimento contro la centralizzazione, non tra le masse, ma tra le classi illuminate. Io decentralizzerò, cioè darò ai miei governatori provinciali il diritto di decidere molte piccole questioni locali prima soggette all'approvazione dei miei ministri.

Montesquieu - Non fate altro che rendere più insopportabile la tirannia se l'elemento comunale non ha nulla a che fare con questa riforma.

Machiavelli - Questa è la fretta fatale di chi chiede riforme: dobbiamo camminare con attenzione sulla strada della libertà. Tuttavia, non mi fermo qui: concedo libertà commerciali.

Montesquieu - Ne avete già parlato.

Machiavelli - Il fatto è che il problema dell'industria mi preoccupa incessantemente. Non voglio si possa dire che la mia legislazione, per eccesso di diffidenza nei confronti del popolo, arrivi ad impedirgli di provvedere esso stesso al proprio sostentamento. È per questo che farò presentare alle camere leggi che permettano sia pur una lieta deroga alle disposizioni che vietano la possibilità di associazione.

Montesquieu - È tutto qui?

Machiavelli - Sì, perché è molto, forse troppo; ma credo di poter stare tranquillo: il mio esercito è entusiasta, la mia magistratura fedele, e la mia legislazione penale funziona con la regolarità e la precisione di quei meccanismi onnipotenti e terribili che la scienza moderna ha inventato.

Montesquieu - Quindi non toccate le leggi della stampa?

Machiavelli - Non vorreste farlo.

Montesquieu - O la legislazione comunale?

Machiavelli - È possibile?

Montesquieu - Né il vostro sistema di protettorato del suffragio?

Machiavelli - No, non è possibile.

Montesquieu - Né all'organizzazione del senato, né a quella della legislatura, né al vostro sistema interno, né al vostro sistema esterno, né al vostro regime economico, né al vostro regime finanziario?

Machiavelli - Sto toccando solo quello che vi ho detto. A ben vedere, sto uscendo dal periodo del terrore e sto entrando nella via della tolleranza. Posso farlo senza pericolo: potrei persino ripristinare le libertà reali, perché bisognerebbe essere del tutto privi di spirito politico per non riconoscere che, a questo punto della mia realizzazione, la mia legislazione ha dato tutti i suoi frutti. Ho raggiunto l'obiettivo che vi avevo annunciato; il carattere della nazione è cambiato; le piccole facoltà che ho ripristinato sono state per me la sonda con cui ho misurato la profondità del risultato. Tutto è fatto, tutto è consumato, non c'è più alcuna resistenza possibile. Non c'è più nessun ostacolo, non c'è più niente! Eppure non voglio restituire nulla. Come voi avete detto, questa è la verità pratica.

Montesquieu - Fatela finita, Machiavelli. Possa la mia ombra non rivedervi mai più e prego Dio affinché possa cancellare dalla mia memoria fino all'ultima traccia di ciò che hanno dovuto sentire le mie orecchie.

Machiavelli - Attento, Montesquieu. Prima che il minuto che inizia cada nell'eternità, cercherete ansiosamente i miei passi e il ricordo di questa conversazione desolerà eternamente la vostra anima.

Montesquieu - Parlate!

Machiavelli - Torniamo indietro. Ho fatto tutto quello che sapete; con queste concessioni allo spirito liberale del mio tempo, ho disarmato l'odio delle parti.

Montesquieu - Ah, dunque non volete abbandonare questa maschera di ipocrisia con cui avete coperto crimini che nessuna lingua umana ha mai descritto. Volete dunque che io emerga dalla notte eterna per disonorarvi! Ah, Machiavelli! Voi stesso non avete insegnato all'umanità a degradarsi a tal punto! Non avete cospirato contro la coscienza, non avete concepito l'idea di trasformare l'anima umana in un fango in cui lo stesso creatore divino non riconoscesse più nulla.

Machiavelli - È vero, ora le cose stanno diversamente. Sono morto, in effetti.

Montesquieu - Fuggite! Non prolungate un momento di più questa conversazione.

Machiavelli - Prima che le ombre che avanzano in tumulto laggiù abbiano raggiunto quel nero burrone che le separa da noi, avrò finito. Prima che l'abbiano raggiunto non mi vedrete più e mi chiamerete invano.

Montesquieu - Terminate dunque il vostro discorso: è la punizione che merito per aver accettato questa sacrilega scommessa.

Machiavelli - Ah! Libertà! Ecco come ci si aggrappa a certe anime quando il popolo vi disprezza o si consola con i sonagli. Lasciate che vi racconti un breve apologo su questo argomento: Dione racconta che il popolo romano era indignato con Augusto a causa di alcune leggi troppo dure che aveva emanato, ma che, non appena aveva riportato l'attore Pilade, che i faziosi avevano cacciato dalla città, il malcontento era cessato.

Questo è il mio apologo. Ecco ora la conclusione dell'autore, perché è un autore che sto citando: "Un tale popolo sentiva la tirannia più intensamente quando veniva cacciato un ballista che quando gli venivano tolte tutte le leggi".

Sapete chi l'ha scritto?

Montesquieu - Non m'interessa!

Machiavelli - Non potete non saperlo, dal momento che siete proprio voi! Non vedo che animi vili intorno a me, che cosa ci posso fare? I buffoni non mancheranno mai nel mio regno e occorrerà che si comportino davvero male perchè io decida di bandirli.

Montesquieu - Non so se avete riportato fedelmente le mie parole, ma ecco una citazione che posso garantire che vendicherà eternamente le persone che calunniate: "La morale del principe contribuisce alla libertà quanto le leggi. Se gli piacciono le anime libere, avrà dei sudditi, se gli piacciono le anime basse, avrà degli schiavi".

Questa è la mia risposta, e se dovessi aggiungere qualcosa a questa citazione oggi, direi: "Quando l'onestà pubblica è bandita dal seno delle corti, quando la corruzione vi si ostenta senza vergogna, tuttavia non penetra mai se non nei cuori di coloro che si avvicinano a un cattivo principe; l'amore della virtù continua a vivere nel seno del popolo, e la forza di questo principio è così grande che il cattivo principe non ha che da scomparire, cosicché, per la forza stessa delle cose, l'onestà ritorna nella pratica del governo contemporaneamente alla libertà".

Machiavelli - Questo è scritto molto bene, in una forma molto semplice. C'è solo una sfortuna in quello che avete appena detto, ed è che, nella mente e nell'anima del mio popolo, io personifico la virtù, o meglio, personifico la libertà, capite, così come personifico la rivoluzione, il progresso, lo spirito moderno, tutto ciò che c'è di meglio nella civiltà contemporanea. Non dico che sono rispettato, non dico che sono amato, dico che sono venerato, dico che il popolo mi adora; che, se volessi, mi farei costruire degli altari, perché ho i doni fatali che agiscono sulle masse. Nel vostro Paese hanno ghigliottinato Luigi XVI, che voleva solo il bene del popolo, che lo voleva con tutta la fede, con tutto l'ardore di un'anima sinceramente onesta, e, pochi anni prima, avevano innalzato altari a Luigi XIV, che si preoccupava meno del popolo che dell'ultima delle sue amanti; che, al minimo capriccio, avrebbe fatto mitragliare i furfanti che giocavano a dadi con Lauzun. Ma io sono molto più di Luigi XIV, con il suffragio popolare come base; sono Washington, sono Enrico IV, sono San Luigi, Carlo il Saggio, prendo i vostri migliori re, per farvi onore. Sono re d'Egitto e d'Asia allo stesso tempo, sono Faraone, sono Ciro, sono Alessandro, sono Sardanapalo; l'anima del popolo fiorisce al mio passaggio, corre ubriaca sui miei passi, sono oggetto di idolatria, il padre mi indica al figlio, la madre invoca il mio nome nelle sue preghiere, la ragazza mi guarda con un sospiro e pensa che se il mio sguardo cadesse su di lei, per caso, potrebbe forse riposare per un momento sul mio letto. Quando gli sventurati sono oppressi, dicono: "Se il re sapesse!"; quando vogliono vendicarsi, quando sperano di essere aiutati, dicono: "Il re saprà!". Inoltre, nessuno si avvicina a me se non trova le mie mani piene d'oro. È vero che quelli che mi circondano sono duri e violenti e a volte meritano di essere picchiati, ma deve essere così, perché la loro natura odiosa e spregevole, la loro avidità di fondo, i loro eccessi, i loro sprechi vergognosi, la loro avarizia grossolana contrastano con la dolcezza del mio carattere, i miei modi semplici e la mia inesauribile generosità. Sono invocato, vi dico, come un dio; nella grandine, nella carestia, nel fuoco, io vengo, la popolazione si getta ai miei piedi, mi porterebbe in cielo tra le sue braccia, se Dio le desse le ali.

Montesquieu - Il che non vi impedirebbe di schiacciarla a colpi di mitragliatrice al minimo segno di resistenza.

Machiavelli - È vero, ma l'amore non esiste senza la paura.

Montesquieu - È finito questo sogno spaventoso?

Machiavelli - Un sogno! Ah, Montesquieu! Piangerete a lungo: stracciate l'*Esprit des lois*, chiedete a Dio di darvi l'oblio per la vostra parte in cielo; perché sta per arrivare la terribile verità di cui avete già il presentimento; non c'è nessun sogno in quello che vi ho appena detto.

Montesquieu - Che cosa intendete dire?

Machiavelli - Quello che vi ho appena descritto, questo insieme di cose mostruose davanti alle quali la mente indietreggia inorridita, quest'opera che soltanto l'inferno da solo potrebbe compiere, tutto questo è già realtà, esiste e prospera in faccia al sole, proprio ora, in qualche parte di quella terra che noi ormai abbiamo lasciato...

Montesquieu - Dove sulla terra?

Machiavelli - No, non posso dirvelo. Morireste per la seconda volta.

Montesquieu - Parlate, in nome del cielo!

Machiavelli - Ebbene...

Montesquieu - Cosa?

Machiavelli - L'ora è passata! Non vedete che il turbine mi sta portando via?

Montesquieu - Machiavelli!!

Machiavelli - Vedete queste ombre che passano poco lontano da voi, coprendosi gli occhi? Le riconoscete? Sono quelle degli uomini gloriosi che hanno fatto invidia al mondo intero. In questo momento, implorano Dio per la loro patria.

Montesquieu - Dio eterno, che cosa avete permesso?

- Fine -

Indice

SUBITO IN OMAGGIO PER TE QUESTO AUDIO-BOOK:

Grazie per aver scelto di sostenere la piccola editoria indipendente con l'acquisto del libro che tieni fra le mani: questo gesto per noi significa molto, e vogliamo sdebitarci del tuo supporto facendoti un regalo che siamo sicuri troverai di immenso valore. **Scannerizza il codice a QR code qui a fianco** → → → → → e completa la procedura per ottenere il tuo **audiobook integrale** di *Stupido Marketing: principi di monetizzazione strategica...* gratis, al posto di € 24,90!